Highland Terrier

Eats, Shoots & Leaves

パンクなパンダの
無敵の英語句読法ガイド
パンクチュエーション

リン・トラス ❖著　今井邦彦 ❖訳

大修館書店

EATS, SHOOTS AND LEAVES
by Lynne Truss
Copyright © 2003 by Lynne Truss

Japanese translation published by arrangement
with Lynne Truss c/o David Higham Associates Ltd
through The English Agency (Japan) Ltd.

Taishukan Publishing Company, Ltd., Tokyo, Japan

サンクト・ペテルブルクで、
1905年にストライキを敢行した
ボルシェビーキ印刷業者の霊に捧げる。
この人たちは、句読点植字に
文字の場合と同じ料金支払いを要求し、
これによって最初のロシア革命に火を点じたのであった。

訳者まえがき

　これはユーモアの書である。たしかに対象は句読点という、言ってみれば地味な題材だ。だが多くの人が「どうでもいい」と考えていることがらに目くじらを立てる人に、周囲の者はユーモアを感じる。

　著者トラス女史はもちろん句読点を「どうでもいい」とは考えていない。それどころか句読点の誤用を大いに嘆かわしく思っているのだ。と同時に、その嘆きを少々大げさに開陳することが、人々の微笑を誘うことも十分心得ている。そこがいわば著者の付け目である。誤用の例を挙げて「愚かな誤り」とか「識字力不足ゆえの間違い」などと痛烈にこき下ろし、大真面目な口調で「万国のやかまし屋よ、団結せよ」と叫び、句読点をめぐるさまざまな逸話やジョーク、句読点が原因で生じた歴史上の喜劇・悲劇を紹介し、句読点を誤用している看板や掲示を勝手に直しまくるテロ団（？）の結成を呼びかける。この、いくぶん誇張された語り口が読者を喜ばせることは計算済みなのだ。

　訳者も実は、母語・日本語については大のやかまし屋だ。子供のころから鼻濁音の衰退、街頭の靴直し屋の張り紙「お待ちしている間に直します」、都電（昭和42（1967）年までは41路線の路面電車が東京の中心部を走っていた）の車掌の「切符をお持ちしていない方は……」に代表される敬語の誤りに腹を立てていたし、今はら抜きことば、半クエスチョ

ン、「〜とか」「〜みたいな」「こちら天ぷらそばの方になり
ます」式の判断保留表現等々に老いた眉をひそめている。
ところが因果なことに、訳者の専攻は言語学である。言語が
変化するものであることを否定するわけにはいかない。現に
『眠られぬ夜のために』（カール・ヒルティー原著、草間平作
訳、1948年）の翻訳者や、「百両百貫もらっても帰られねえ
場所もあらあ」などの台詞を残した瀬川如皐(けこう)(1806-1881)の
ように五段活用の動詞にも「ら入りことば」を使った人が訳
者の「眠れない」「帰れない」を聞いたならば、近頃の日本
語は乱れていると嘆くことだろう。つまり日本語使用者とし
ての訳者は現在の「ことばの乱れ」に毒づきたい一方で、言
語屋としての訳者はもう一人の自分を押しとどめなければな
らない。いかに大変なフラストレーションであるかおわかり
いただけるだろう。この歳になっても1日にタバコを数十
本吸わずにはいられず、時に酒を過ごすのはひとえにこれが
原因だ。著者トラス女史の見事な割り切り方がうらやまし
い。

　とはいいながら、トラス女史は、現在のイギリスの句読点
誤用への独善的な攻撃に終始しているのではない。古代ギリ
シアで誕生した句読点が、ローマ時代、中・近世を通じてど
のように変化したか、英語の表記に取り入れられた後、どう
いう変遷をたどってきたかにも詳しく目を配っている。句読
法も、言語と同じように変化するものであることは十分承知
しているのだ。この本は句読法の教科書ではないが、英語の
みならず西洋語の句読点について実に多くのことを教えてく

れる。また女史は現代イギリスの句読点の「乱れ」の一因がEメール、インターネット、ケイタイによる文字通信にあることは指摘しつつも、以前よりはるかに多くの人が「書き手」になったことにある種の希望を託してもいる。頑迷なオバサンの独りよがりな繰り言の書ではないのだ。

　ただ何と言ってもこの本の売りはその楽しさにある。基となっているラジオ番組『カッコ付け』の録音（CD・テープの両方がある）を聞くと、主宰者であるトラス女史も、客演の言語学者・俳優・評論家も、インタヴューを受ける青果業のおじさんも、みな実に楽しげな笑い声を立てている。論じている対象の大切さは知りつつも、大げさを装った対処法の呈示や論難の仕方に自ら笑みをこぼしているのだ。

　トラス女史はむろん自信を持って原著を世に問うたわけだが、その売れ行きは彼女の自信をもはるかに上回り、ある週にはあの『ハリー・ポッター』さえも凌ぐベストセラーとなったという。初版の翌年、アメリカ版が発行され、これまた売れに売れた。邦訳を企画したのは大修館書店編集部の池田菜穂子氏である。事実関係の調査・確認、原稿の整理、適切な助言等に対して同氏に深い感謝を捧げたい。

　どうか読者もイギリス風ユーモアにあふれた、このインテリ向け娯楽随筆を楽しんでいただきたい。

2005 年 4 月

訳　者

目次

...

謝辞　viii

序章──第七感　3
アポストロフィは御しやすい　45
それで十分だよ、コンマ君　83
お上品ぶり　127
格好を付けて　163
ハイフン──あまり使われない句読記号　205
ただの決まりきった印　217

謝辞

　句読法に関する著作を残した多くの方々に謝意を表したい。この方々は労苦の末に明快な句読点のルールを提案してくださったわけだが、もしかするとそのルールの一部を私はこの本で不明瞭にしてしまったかもしれない。G. V.ケアリーの『句読点に気を付けて』(*Mind the Stop*, 1939)、とエリック・パートリッジの『あなたに1ポイント』(*You Have a Point There*, 1953)、はこの方面での古典として広く認められている。現代の著作者であるデイヴィッド・クリスタル、ロリート・トッド、グレアム・キング、キース・ウォーターハウス、ティム・オースティン、キングズリー・エイミス、フォリップ・ハワード、ニコルスン・ベイカー、ウィリアム・ハートン、R. L.トラスクからは大きなインスピレーションを受けた。キャシー・ステュアート、アン・ベイカー、ジリアン—フォレスター、そしてそもそもこの旅路に私を立たせたペニー・ヴァインに特別な感謝を捧げたい。ナイジェル・ホールはパンダのジョークを教えてくれ、ミヒャエル・ハンデルツァルツはヘブライ語の疑問符について教えてくれ、アダム・ビースンは私のキーボードのどこを押せばダッシュが出てくるかをを教えてくれた。練達のコピー・エディターたちは私の使ったコンマを整理して私が恥をかくことのないように努力を払ってくれた。これらの人々の協力を大いに多としている。最後になるが、この本の出版に終始関わってくれた出版者アンドルー・フランクリン、そして『デイリー・テレグラフ』紙のコラム「著作者ニュース」に載せた記事に寛大な反応を寄せてくださった何百という読者に感謝の意を記したい。私は自分がひとりぼっちでないことを知って本当に嬉しかった。

パンクなパンダのパンクチュエーション

―無敵の英語句読法ガイド―

序章——第七感

　つぎの話を聞いてピンとくる人もいればこない人もいるだろう。我が家近くのガソリンステーションのコンコースに横幕が掛けられ、こう書いてある。「どうぞ建物内へお入り下さい。CD's, VIDEO's, DVD's, BOOK's を売っております」。

　不必要なアポストロフィを無闇に使いまくるという、この悪逆無道の話を聞いても、恐怖に息を呑みもしなければ動悸の高まりも感じない読者がいたら、その人はすぐにこの本を置いたほうがいいわね。自分が学をひけらかす人でもなければやかまし屋でさえないことを喜び、句読法が堕落してしまった今の世の中にも十分満足して適応していける幸せを噛みしめればいいでしょうよ。でもこれ以上読み進む必要はない。なぜなら——ここのところを判ってほしいんだけど——、本当のやかまし屋ならば、複数のつもりの Book's に

余分なアポストロフィがついているのを見ると、身の毛もよだつような感情の段階的変化を心の中に引きおこされるからだ。それは親族に死なれたときに感じる感情に似ているけど、段階的変化の速度はずっと速い。まず最初にショックが起こる。数秒後にショックは「まさか!」という気持に変わる。「まさか!」は傷心に、傷心は怒りに変化する。最後に(ここで両者の類似点は消失するのだが)怒り変じて義憤となり、アポストロフィをマジックペンで塗りつぶすという犯罪行為を行おうとする衝動に駆られるのだ。

　近頃では句読法に関するやかまし屋の立場を貫くのは難しくなった。朝、ベッドから出るのが恐ろしくなるくらい。ときには句読法ファンが作った素晴らしいジョークを楽しめる場合があるのも確かだけど。カバーと見返しにある「ものを食べて、銃を撃って立ち去る」パンダのジョークがその例だ。しかし全体としては、やかまし屋の優美な繊細さは全方角からの攻撃を受け、やかまし屋はパニックと孤独感に悩まされるのである。フィットネス・クラブの掲示には I'ts party time, on Saturday 24th May we are have a disco/party night for free, it will be a ticket only evening.訳1〔パーティーを開きます、5月24日土曜日、無料でディスコ・パーティー夜やるある、切符を持った人だけの夕べです。〕とある。インテリア改装業者の広告には wall's — ceilings's — door's ect訳2 とある。そうかと思うと新聞売り場の張り紙に FAN'S FURY AT STADIUM INQUIRY〔サッカー場審理に対して(1人の)ファン激怒〕とある。これは面白そうだと新聞の

中身を見ると、実はかなりの数のファンが騒いだのであって、張り紙の句読法の誤りゆえに期待させられてしまった、たった1人のファンが激怒したという話ではないことが判ったりする。[3]

どこを見渡しても、無知と無関心の徴候で満ち満ちている。あの *Two Weeks Notice*〔「トゥー・ウィークス・ノーティス」〕という映画の場合もそうだ。やかまし屋に実に嫌な気持を与える保証付きの題名だったわ。この映画のポスターがバスの横腹に4フィートもの高さの字を使って書かれ、しかもアポストロフィはどこを見てもない。今でもよく覚えているけど、2003年の春、*Two Weeks Notice* のキャンペーンが始まったころ、私は楽しい気分でヴィクトリア駅から出てきた（口笛を吹いていたかしら？）。ところが突然足が地面に釘付けになり、口の中に指を突っ込んでいた。アポストロフィはどこへ行ってしまったのかしら？　バスの横腹にはアポストロフィがあってしかるべきよね？　one month's notice〔1ヶ月の予告〕だったらアポストロフィがあるはずよ（と私は推論し始めた）。間違いない。それに one week's

---

[1] It's a party time on Saturday 24th, May. We are having a disco-party night for free. It will be a ticket-only evening. とすれば句読法上は一応通用するが、繰り返しが多く誠に下手な文章だ。

[2] またもや s の代わりに 's が使われ、おまけに etc. の綴りが間違っており、略語を表すフル・ストップ（.）もない。（なお etc. は et cetera の略だが、イギリス人の中には etc. を [eksétərə]）と発音する人がいる。）

[3] 「複数のファン」であれば、FANS' でなければならない。

notice〔1週間の予告〕だとしてもアポストロフィがある。だから「2週間の予告」なら two weeks' notice のようにアポストロフィが不可欠よ！　このように自分の中のやかまし屋と論議を交わしている間に、私が乗るはずのバスが3本も（73番バス1本と38番バス2本）バッキンガム・パレス・ロウド沿いに去ってしまった。動こうにも動けなかったし、それどころか判断力が一切戻ってこなかったからだ。

　私が絶望する原因の一部はここにある。世間というものは、傷つきやすいやかまし屋がかろうじて耐えているこうした小さなショックの数々などには何の関心も持たないのだ。私たちが誤った句読法で書かれた文言を見て恐怖に打ちひしがれていても、世間は私たちの苦境などには一切気が付かずに私たちの周りを回っていく。われわれは映画『シックス・センス』〔第六感。*The Sixth Sense*〕に出てくる少年のようなものね。この少年には死んだ人の姿が見えるが、私たちには死んだ句読法の姿が見える。少年の、恐ろしさで凍り付いたような声音でつぎのように言いたいわ。「死んだ句読法は他の誰にも見えない。それなのにわれわれには年がら年中それが見えるのだ。」と。われわれのように第七感を備えた人種のことを理解する人は誰もいない。世の中の人は我々を熱狂的変人だと見なしているのよ。識字力不足から生じた間違いをわれわれが指摘すると、猛烈な勢いで「もっと前向きな生き方をする」よう忠告されることがしょっちゅうある。興味深いことに、こうした忠告を与える人々自身は、一向に「前向きな生き方」をしているようには見えないのだけど。

私たちはその洞察力を人々に知られることに臆病になってしまう。私たちは敵対的な環境の中に置かれているのだから。私たちを魔女として火あぶりの刑に処すことも、こうした人々の行動予定に入っていないとは言い切れないんだから怖い話よ。

とあるチャリティー・ショップのウィンドウに最近出された掲示には、Can you spare any old records.〔古レコードお譲り下さい。〕と、図々しくも疑問符（？）抜きで書いてある。毎日毎日、私はこの店の前の歩道で迷い続ける。店に入って忠告すべきかしら？　直接疑問文に疑問符を付けないなどとはとんでもない話よ。無知にもほどがある。でも店番のお婆さんに、この人は何とつまらないことを言い出すのかという目つきでまじまじと顔を見られたり（これには慣れているけど）、帰って下さいとか、余計なお世話だと言われたらどうしよう？

その一方で、やかまし屋に対する同情を求めてもあまり意味がないことを私は十分承知している。われわれに対して「お気の毒に」という感情を持つのはきわめて難しいからだ。私たちはレジのところにEight items or less.〔8品目以下購入者専用カウンター〕（lessは間違いでfewerでなければならない）などと書いてある店には二度と行かないし、9/11テロのあとわれわれが憤慨したのは、オサマ・ビンラーディンのせいではなく、ラジオ関係者がmagnitude〔大規模〕のつもりでenormity〔非道〕という語を繰り返し使うのが、耐えられないほど嫌だったからである。Mr Blair was stood.

〔ブレア氏は立たされていた〕（was stood ではなく was standing でなければならない。）などという言い回しを聞くとわれわれは嫌悪の余り歯を食いしばる。phenomena、media、cherubim〔それぞれ phenomenon、medium、cherub の複数形〕が単数として扱われているのを見ると（たとえば、The media says it was quite a phenomena looking at those cherubims.[注1]〔それらの天使のような子供たちはなかなかのみものだったとメディアは言っている〕）、私たちの中には耐えきれずに実際に悲鳴を上げてしまう者もいるのだ。やかまし屋というのは本を読むときには誤植を直すための鉛筆を必ず手にしている人物なのだ。要するに私たちは面白みのない、物知り顔の強迫神経症患者で、どうでもいいことに目くじらを立てる連中と見られており、自分自身の家族からも煙たがられていて、彼らから見放される危険に常にさらされている存在なのだ。

　私は自分の呪うべきやかまし屋根性がどういう時に抑えきれなくなるかを正確に知っている。2002 年の秋、私は BBC ラジオ第 4 放送のために、句読法に関する『カッコ付け』（*Cutting a Dash*[注2]）という連続番組を作っていた。プロデューサーの誘いでアポストロフィ保護協会のジョン・リチャーズがこの番組に出てくれた。当初私はアポストロフィ保護協会なるものを作りだしたアイディアをなかなか面白いと思っていた。この協会のページには非文法的な広告、掲示等々の写真が満載されている。The judges decision is final.〔審判の判定は最終的。（judge's が正しい）〕とか No dog's

〔犬お断り（dogs が正しい）〕などがその例だ。私たちはリチャーズ氏をベリック・ストリートのマーケットに伴い、青果商たちの句読法（Potatoes のつもりの Potatoe's など）に対する氏の反応を収録した。そして私たちは腰を下ろし、慣習的な句読点を護るためには具体的にどういう手段をとればいいのかを話し合った。句読点は、それ自身のせいではないのに、ゴチャゴチャの混乱の中でのたうち回る末期症状を呈しているように思えるからだ。

アポストロフィ保護協会がやっていることは丁寧な手紙を出すことだ、と同氏は言った。典型的な手紙は、アポストロフィの正しい用法を説明し、**BOB,S PETS**〔ボブのペットショップ〕のような気障りな店名表示（アポストロフィの代わりに誤ってコンマが使われている）が将来書き換えられる際には私共の善意の忠告をお忘れなきよう、などと書かれているという。この時点で私は深甚にして看過しがたき憤激を感じた。私の「内なるやかまし屋魔神」が覚醒してしまったのである。「それでは不十分よ！」と私は叫んでいた。とたんに私の頭はさまざまなアイディアであふれかえった。「このアポストロフィは不要だ」と印刷したステッカーを作って貼りまくるのはどうかしら？　大勢の人を動員して真夜中にアポストロフィ型の型抜き塗装器とペンキ缶を持たせ、ハシゴ

🐼1　著者の意見では The media say it was quite a phenomenon looking at those cherubim. が本来の言い方。

🐼2　'cut a dash' は「見栄を張る、格好を付ける」の意。句読法の一つ「ダッシュ（―）」に掛けてある。

をよじ登って看板を訂正してもらうのは？　アポストロフィ保護協会にはなぜ過激派がいないの？　私が過激派を組織しようかしら？　突撃用ヘルメットはどこへ行けば手にはいるのだろう？

,

　句読法は昔からさまざまな定義を受けてきた。文法学者の中には裁縫を喩えに引く人もいる。句読法とは、言語という布地がきちんとした形を保っていられるように施すしつけ糸だというのだ。他のある人は句読点は言語の交通標識だと言う。この標識によってわれわれはスピードを落としたり、何かに注意を払ったり、迂回したり、停止することを指示されるというわけである。フルストップやコンマを「お伽話に出てくる目に見えない召使いたち」と呼ぶ、かなり奇抜な喩えにお目に掛かったこともある。つまり「水の入ったコップや枕を持ってきてくれるが、天候の嵐も恋の嵐も運んではこない召使いたち」だというのだ。だが私の見るところ、一番良くできているのは、ある全国紙の印刷便覧に載っている簡潔な助言だろう。これによると句読法とは「読者がつまづくことなしに記事を理解できる助けとなる礼儀正しい心づかい」であるとされている。

　句読法を礼儀正しさに喩えるのは実に理にかなっている。真の礼儀正しさとは目に見えないものだ。それは、それ自身に注意を向けさせることなく、他人を居心地良くさせるもの

だ。「儀礼、つまりエチケットの順守を心掛ける」という意味のpunctiliousという単語がpunctuation〔句読法〕と同じ語根から発していることは決して偶然ではない。これからの話にも出てくるとおり、自分の書くものに「句読点を付ける」習慣は、意味を強調したり、書き手と読み手の間の気まずい誤解を避けるために、昔から思いやりの精神に基づいて行われてきたことなのだ。1644年、サザク〔テムズ川の南岸にあるロンドン内の自治区〕の学校教師リチャード・ホッジズは、その著 *English Primrose* の中で「ものを書くときには句読点を正しく使うよう十分に注しなければならぬ。なぜなら、それを怠ると意味に悪しき変化が生じるからだ。」と書き、つぎの例をあげている。My Son, if sinners intise〔= entice〕thee consent thou, not refraining thy foot from their way.〔息子よ、罪深き者たちが汝を誘惑したなら、それに応ずべし。その者たちの世界に足を踏み込むことを避けてはならぬ。〕そしてホッジズは、この文のコンマを not の後に移したら意味がどう変わるかを考えてみるとよいと言う。My Son, if sinners intise thee consent thou not, refraining thy foot from their way.〔息子よ、罪深き者たちが汝を誘惑しても、それに応じてはならぬ。その者たちの世界に足を踏み込むことは避けるべし。〕これはロニー・バーカー主演の *Porridge*（1970年代にヒットしたBBCのテレビ喜劇。do one's porridg は「臭い飯を食う」）の1644年版と言える。バーカーは囚人仲間が家から出した刑期終了の手紙を声に出して Now I must go and get on my lover.〔さあもう帰って愛しい人に

またがらなきゃ〕と読み、そしてコンマの存在に気付いた振りをして大急ぎでNow I must go and get on, my lover.〔愛しい人よ、私はもう帰って頑張らなくちゃ〕と言い直す。

　公平に言って、句読法の正しい使用がまったくできない人がいるのは確かだ。それにも関わらず、そうした人の多くは句読法が単語の連鎖の意味を変える力には興味を抱いている。ここに、引用したような手紙読み上げに代表される「あ、すみません間違えました。読み直します」タイプのジョークの源泉があるのだ。16世紀のイギリスの劇作家・詩人、マーロー（Christopher Marlowe, 1564-1594）の*Edward II*中の台詞をWhat would you with the king?〔王にどうしてもらいたいの？〕ではなしにWhat? Would you? With the king?〔何と？　そういうつもりか？　王と一緒に？〕と言わせることが可能である。句読法の誤用（そして句読法の変更）がもたらす面白みは昔から賢い人にも賢くない人にも受けてきた。「こりゃ驚いた」と保守派に言われるような書き方が使われるEメールの時代では、人気のあるのはつぎの2文の比較である。

　　A woman, without her man, is nothing.
　　　〔女性とは、その伴侶たる男性がいなければ、無に等しい存在だ。〕

　　A woman: without her, man is nothing.
　　　〔女性。それが存在しなければ、人類は存在しない。〕

どう？　納得がいくでしょう？　つぎに挙げるのはよく知られた「ジャック様手紙」だ。これも上の例と同じような効果を持つ。基本的には同じようにつまらない効果だけど。

Dear Jack,
I want a man who knows what love is all about. You are generous, kind, thoughtful. People who are not like you admit to being useless and inferior. You have ruined me for other men. I yearn for you. I have no feelings whatsoever when we're apart. I can be forever happy —will you let me be yours?
　　　　　　　　　　　　　　　　　　　　　　Jill

〔ジャック様
　私は、愛とは一体何なのかをよく知っている男の方がほしいのです。貴方は寛大で親切で思いやりのある方です。貴方とは違う方々は自分たちが役立たずで劣った人間だということを認めています。貴方のせいで私は他の男性には心を動かされない女になりました。私は貴方を恋い慕っています。私は貴方のそばにいないときは何の感情も湧きません。私が永遠に幸せになれるよう、私を貴方のものにして戴けますか？
　　　　　　　　　　　　　　　　　　　　ジルより〕

Dear Jack,
I want a man who knows what love is. All about you

are generous, kind, thoughtful people, who are not like you. Admit to being useless and inferior. You have ruined me. For other men I yearn! For you I have no feelings whatsoever. When we're apart I can be forever happy. Will you let me be?
Yours,

Jill

〔ジャック様

私は愛とは何かが判っている男の方がほしいのです。貴方の周りにいる方はみな寛大で、親切で思いやりがある方々で、貴方とは違います。貴方は自分が役立たずで劣った人であることをお認めなさい。貴方は私をメチャメチャにしてしまいました。貴方に対してはいかなる感情も持てません。あなたがそばにいなければ、私は永遠に幸せです。私のことは放っておいて下さいませ。　　　　　草々

ジルより〕

ただここで、こうしたジョークが決して独創的なものではないことを示しておきたい。Eメール時代を500年遡ったころにも、似たような馬鹿馬鹿しいクイズが流布していたのだ。

Every Lady in this Land
Hath 20 Nails on *each* Hand;
Five & twenty on Hands *and Feet*;

And this is true, without deceit.
〔この国の婦人は一人残らず
　どちらの手にも爪が20本ずつある。
　手足を合わせると爪は25本、
　これ本当の話。ウソじゃない。〕

(Every lady in this land has twenty nails. On each hand, five; and twenty on hands and feet.〔この国の婦人は一人残らず爪が20本ある。それぞれの手に5本ずつ。手足を合わせれば20本。〕)

　そういうわけで、これらの話はそれなりに面白みがある。だが、これから話す、句読法を致命的に誤った電報ははるかに興味深い例で、これほど重大な句読法の誤りはどんなEメール利用者も犯さない。この点は注目すべきだ。現代人に対する近代的教育のお陰かもしれない。さて問題の電報というのは、1896年、南アフリカのトランスヴァール共和国に対するジェイムスン侵攻を大失敗に追い込んでしまったのである。ジェイムスン侵攻について読者はご存じかしら？「大失策」と呼ばれた作戦だったの。これは句読法をめぐる素晴らしい話だから、暖炉に薪をもう一本くべてゆっくりお聞きなさい。

　当時、トランスヴァールというのはオランダ系のボーア人が支配する共和国だった。そしてヨハネスブルグおよびその周辺にいたイギリスなど他の国々からの入植者（彼らには市民権が与えられていなかった）は、ジェイムスンが侵攻して

くればそれに呼応して蜂起するものと信じられていた。ところが残念なことに、入植者がジェイムスンに侵攻を要請した電報には悲劇的な二義性（二通りの解釈を許すこと）が含まれていたのである。

It is under these circumstances that we feel constrained to call upon you to come to our aid should a disturbance arise here the circumstances are so extreme that we cannot but believe that you and the men under you will not fail to come to the rescue of people who are so situated.
〔こういう状況下にあるため、貴殿が我々を助けるため当地へ兵を進めて下さるよう呼びかけざるを得ないと感じています。当地で騒擾がもし起きれば、状況は極めて厳しいため、貴殿とその麾下にある兵士はこのような状況に置かれているわれわれを必ず救援に来てくださるものと固く信じております。〕

エリック・パートリッジがその著『語法と誤法』(*Usage and Abusage*) で指摘しているとおり、この文の aid の後にフルストップを置けば、メッセージの二義性は消失する。「すぐ来てくれ！」の意味になるからだ。ところがもし here の後ろにフルストップを置くと、文意は「もう少し経って当地の情勢がどうなるか次第で貴方を必要とすることになるかもしれない。しかし今のところは——別に連絡は要らない

よ、ジェイムスン君、こっちから連絡するから」といったものになる。🐼1 もちろんこの電文はタイムズ紙に aid の後にフルストップを付けた形で（誰が付けたのかは今以て判らない）掲載され、気の毒にもジェイムスンは、誰も望まず、誰も期待していなかったのに、直ちに馬に打ち跨り、トランスヴァル侵攻を開始してしまったのである。

　パートリッジ自身は句読法を鉄道の線路に喩えているが、上に例示したことはすべてこの喩えを裏付けるものだ。彼によれば句読法とは「汽車（構文、文体、著作）が機関士と一緒にどこかへ飛んでいってしまわないために、それに沿って進まねばならない線路」なのである。ことばを換えれば、句読法があるおかげで意味は脱線しないで済んでいるのだ。もちろん、句読点をどのくらい使うべきかについては、人によって意見が分かれ、議論の種となる。同じ文章についても、ある人は句読点が多すぎると言い、ある人は少なすぎると言う。演出家で劇団主宰者のピーター・ホール（1930 -）の『日記』には愉快なエピソードが載っている。アルバート・フィニー（1936 -）主演の『ハムレット』を演出するに先立ち、ホールは台本から「意味上不可欠でない限り、ほとんどすべての句読点を切り捨て」た。だが彼はすぐにこの「切り捨て」がもたらす結果を甘受せねばならなくなる。1975 年

🐼1　左頁の訳文は，aid の後にフルストップがあるとの想定で作ってある。here の後にフルストップが来れば「万一当地で騒擾が起こった場合は，貴殿にわれわれを助けるため兵を進めるよう要請…」といった文意になり，緊迫性は少なくなる。

8月21日の項に彼は「シェイクスピアの台本はどれもこれも馬鹿馬鹿しいほど句読点過剰だ。幾世代にもわたる学者たちがシェイクスピアをまともな文法使用者にしようと努力してきた」と書いている。これは理にかなった考えに聞こえる。ところが最初のリハーサルが行われた同年9月22日の項を見るとよい。ホールはこのリハーサルを「良かった」と書いているものの、一方ではこれが「大ざっぱでつっかえながらの読み方、俳優たちがことばにつまづき、不必要な部分を強調したりする台詞まわし」に満ちたものであったことを認めている。

,

　句読法に何が起こったのだろう？　読み違いを大幅に防ぐ上で非常に役立っていることが明々白々なのにも関わらず、句読法がかくも軽視されているのはなぜか？　今日の新聞の見出しにはDEAD SONS PHOTOS MAY BE RELEASED〔死亡した息子の写真公開か〕とある。死亡した複数の息子に関する記事と受け取れるのだが、アポストロフィがないのでこれだけでははっきりしない。明白な犯人は、わが国の教育方針史上の最近の傾向である。独善的な教育方針策定者の責任が問われてしかるべきだ。1960年までは、句読法はイギリスの学校では教えるのが当然とされてきた。1937年にカウンティ・スクール〔州の公立学校〕の試験を受ける子供だったら、つぎの文に適切な句読法を施せとい

う難問を課されているはずだ。Charles the First walked and talked half an hour after his head was cut off.〔チャールズ1世は首を斬り落とされた30分後に歩きまわり、口を利いた。〕（答えはCharles the First walked and talked. Half an hour after, his head was cut off.〔チャールズ1世は歩き回り口を利いた。30分後、彼の首は斬り落とされた。〕である。）今日では、有難いことに、共通カリキュラム（1989年以降、イングランド、ウェールズ全域の公立学校で適用されている）によって、8歳に達すれば子供はコンマの使い方の訓練を受けることが保証されている。8歳という年齢では文法に関する理解度が少々おぼろげであるにしても、だ。ラジオ番組『カッコ付け』のために私たちはチェシャー州のある学校を訪問したが、ここではごく幼い子供たちが、コンマはつぎのような場合に使われる旨を教えられていた。

1. ものごとを列挙するとき
2. 会話の前
3. 付加的な情報を示すとき

これは実に印象的だった。8歳で「付加的な情報」とは何かが判るというのは大したものである。同年齢のころの私には到底できなかったことは明かである。ただ、共通カリキュラムのおかげで事態がいくぶん明るくなってきたとはいうものの、恐るべき現実はいまだに残っている。それは、四半世紀にわたって、句読法と英文法がほとんどの学校でまったく

教えられないという状態が続いたことだ。その結果、Aレベル試験〔一般教育証書上級レベル試験。大学進学または専門職を希望する中等学校上級生（16歳以上）が対象〕の試験委員は、受験者が書く英語のひどさを毎年嘆くことになる。だが何の対策も講じられなかった。受験者たちは、grammarとかsentenceなどの単語の綴りさえ満足に書けず、いわんやそれをしっかり理解した上で使うこともできなかったのである。

　私自身は1966年から1973年にかけてグラマー・スクール〔大学進学者を受け入れる中等学校〕で学んだのだが、やはり句読法を教えられた記憶はない。第5学年のときに滑稽な出来事が起こった。英語の先生が私たちに「だってあなたたちは文法の授業を受けたんでしょう？　違うの？」と訊いたのである。私たちはみな腰が引けた顔つきになった。英文法の授業を受けていなかったのは私たちの責任ではなかったのに。私たちはラテン語、フランス語、ドイツ語の文法は前に教わっていた。だが英文法については、ものを読んでいるうちに自然に推量することを期待されている知識だとみなが感じていたのである。そして間違いなくこのことこそ私がitsとit'sに関して大しくじりをやらかした原因であった。句読法を教わらなかった多くの人と同じように、私はつぎのように推量した。it'sというのはitsの変種にすぎず、ただsの前にアポストロフィが付くだけのものなのだろう。だとすれば理屈から言ってsのうしろにアポストロフィの付いたits'という変種も必ずあるはずだ、と。多くの人が抱いてい

るこの思い違いについて、誰も私を矯正してくれなかったのは残念だ。だが今さら言っても仕方がない。それから、こういう時期もあった。アポストロフィなるものは必ずどこかに付けなくてはいけないと思い込んでいたから、狡賢くも小さいアポストロフィをsのすぐ上にちょこんと付けていたのである。結局つけがまわってきた。毎回毎回、私の提出した宿題はこの悪意もないが浮き草めいたアポストフィがすべて線で消されて戻ってきた。このときのティーン・エイジャーだった私の怒りを想像してほしい。「なぜなのよッ？」と私は悪態をついて女子生徒の推論能力を総動員したのだが、原因にたどり着けなかった。ちゃんとバランスを取ってアポストロフィを付けてるじゃない！　教師の奴、私のアポストロフィの付け場所が間違っているなんて一体全体どうして言えるのよォ！

　私にとって幸いなことに、英語には特別な興味を持っていたために、最終的には原因にたどり着けた。日曜の午後、ほかの女の子たちがボーイフレンドと出かけ、首のまわり中キスマークをつけられている間に、私は家でラジオをつけ、イアン・メシター（1920‐1999）制作のクイズ番組『ことばの間違いは数多い』（*Many a Slip*）に聴きいっていた。この番組は知識が豊富でウィットに富んだ出場者がいろいろな散文の文法的誤りを見つけ出すというのが主眼だった。実に素晴らしい番組で、また復活してくれることを夢見ている。イザベル・バーネットとかデイヴィッド・ニクソン〔ともにテレビタレントとして人気があった〕といったパネリストたちが、

文を読み上げる司会者ロイ・プロムリ〔やはり、タレントで司会者を務めることが多かった〕をブザーを鳴らしてさえぎり、「同語反復！」などと叫ぶのだった。ほぼ同じころ、私と同じ年頃の女の子たちがワイト島のポップス音楽祭に出かけたり、堕胎手術を受けたりしている間に、私はエリック・パートリッジの『語法と誤法』を1冊買い、一生使えるように裏に接着剤のついたプラスチック製のカヴァーをかけた（実際長持ちしている）。そのころはこうしたことを別に変わった行動だと思わなかったことは、今考えると不思議だ。だってこれは体中に「やかまし屋の卵」を刻みつけるのに等しい振る舞いだったのだから。けれども今になってみれば、私がのちにある定期刊行物の副編集長になり本当に添削・推敲用の赤鉛筆を手にする身になったのは決して偶然ではないことがよく判る。

しかしイギリス教育史上の、月の裏側のようなくらい時代、つまり教師たちが、文法や綴りを教えることは生徒による自己表現の妨げになるという主張をしていたころに話を戻せば、文法に対する彼らの無関心は、タイミングから言って最悪だったと言える。1970年代の教育者には、パソコンやインターネットやケータイによる書きことばのコミュニケーションが爆発的に普及することなど予測がつくはずがなかったからである。だが現状を見るがいい。誰も彼もがもの書きになってしまった。皆がアマゾンのページに映画評を載せることができる。次は代表的例である。

I watched this film [*About a Boy*] a few days ago expecting the usual hugh Grant bumbling...character Ive come to loathe/expect over the years. I was thoroughly suprised. This film was great, one of the best films i have seen in a long time. The film focuses around one man who starts going to a single parents meeting, to meet women, one problem He doesnt have a child.[注1]

〔この映画（『アバウト・ア・ボーイ』）を、これまで嫌悪感をもちこんなものだろうと思っていたヒュー・グラントによる例の冴えない役柄を予想しながら、2、3日前に観ました。［ところが］実に驚きました。この映画は素晴らしく、今まで観たうちでも最高の映画の一つでした。この映画は女性を見つけるために未婚の親の会合に出かけ始めるある男をめぐるものです。問題はこの男には子供がいないことです。〕

悲しい話ね。自分の母語について何も教えられていない人々が、（教育者の期待に反して）暇な時間をすべて注ぎ込んで、他人を啓発（！）するために文をつなぎ合わせる努力

注1　著者が問題にしていると思われる箇所に原著にはない下線を付けた。順番に Hugh、I've、surprised、great のあとはフルストップまたはセミコロン（前者の場合は次の one の第1字は大文字）、I、parents'、problem の後はコロン（または is that を補う）、he doesn't となるべき。訳文にはこうした句読点その他の不備は反映させていない。

序章——第七感　23

に没頭しているんだから。おまけにインターネットには編集者がついていない！　たしかにメールの世界では、文法や句読法に無知であっても、C U later.〔See you later.（またね。）の略記〕程度のメッセージを送る能力には何の影響もないのでしょうね。でも少しでも長い文章を送ることになると、必ずと言っていいほどディケンズの小説『大いなる遺産』の主人公ピップの幼年時代の手紙と同様なものができ上がってしまうみたい。

MI DEER JO I OPE U R KRWITE WELL I OPE I SHAL SON B HABELL 4 2 TEEDGE U JO AN THEN WE SHORL B SO GLODD AN WEN I M PRENGTD 2 U JO WOT LARK AN BLEVE ME INF XN PIP.[1]

ところで、世の中には自分たちがきちんとした句読法を使ってメール等を書いていると主張する人が多い。『カッコ付け』で使うために私たちは普通の人々に（たまたまパレイディアム劇場の前、午後 5 時頃だった）、メール等を送るときに正しい句読法を使っているかどうかを尋ねてみた。10 人のうち 9 人までがイエスと答えたときは吃驚したし、もちろん信用しなかった。セミコロンでもカッコでも何でも使っていると言う人もいた。「私は文法大好き人間ですもの」と 1 人の若いニュージーランド女性は言った。「私はティーンエイジャーの息子に句読法を正しく使うよう指導しているの

です」と感じの良い学者風の男性が言った。こういう回答をする人々に私は容易な逃げ道を与えようと試み続けた。「でも句読法の全体に目配りするのは骨が折れますよねえ。句読法なんかどうでもいいとお考えだとしても別に不思議ではありませんわ」。ところがどうやら私たちは「文法大好き小路(こうじ)」にうっかり入り込んでいたらしく、上記の誘導には効き目がなかった。「もちろんメールでは句読法をちゃんと使ってますよ。上級課程の英語を履修したんだから」とある若い男はひとを小馬鹿にした顔で言った。どうやら上級課程の英語は『ロード・オブ・ザ・リング』の中の何かのように聖なる信託物らしい。上級課程を振りかざして、小妖精(エルフ)の金で作った弓で英語を護らねばならない。

　だが本当のところを言おう。私はこういう人たちの言うことを信じてはいないのだ。彼らは奇妙な自己防衛の衣をまとっているのか、それともマイクを突きつけられたので単にウソをついているかのどちらかだ。新聞小売店の男にDEAD SONS PHOTOS MAY BE RELEASEDは文法的に不完全であることを指摘してみるといい。男は急いで話題を変えてミルクの値段のことを話し出すだろう。レスター・スクェア〔ロンドンの劇場街〕の映画館の外に──アポストロフィ型に切り抜いた紙を棒の先に付けて──立ち、*Two Weeks Notice* の文法的誤りを簡単に正すにはどうすればいいかを示してやっても（私は現にそうしたのだが）、味方になって

🐼1　正書法に「翻訳」されたものが本書28ページに載っている。

くれる人は1人もいない。それどころか、何をこちらが問題にしているのか見当も付かない人がほとんどだ。悲しむべき現実である。句読法が正しく使われなければ一体何が起こるのか？　前に出てきた喩えを使って言おう。句読法が言語の縫い目だとすれば、言語という布地は当然バラバラに離れてしまい、ボタンは全部取れてしまう。句読法が交通標識なら、単語はお互いにぶつかり合い、どれもがマインヘッドの共同墓地行きとなってしまう。句読法を目に見えない善意の妖精(フェアリー)と思うことにほんの少しの間でも耐えられるなら[訳1](失礼！)、気の毒にも見捨てられた言語は、のどが乾いたまま枕もなしに寝なければならなくなる。そして礼儀正しさの喩えを使うなら、文はもはや貴方が入れるようドアを押さえていてはくれず、近づいた貴方の顔にドアをバーンとぶつけることになる。

　句読法のために立ち上がることに意義がある理由を述べたい。それは決して句読法が、それが侵されると気鬱の発作を起こす意識過剰のエリートだけが知っている恣意的な記号体系だからではない。句読法のために立ち上がる理由は、もしそれがなければ意味を伝達するための信頼の置ける手段が無くなってしまうからだ。句読法は、羊飼いがある群れを一つにまとめ、他の群れと分けるのと同じ働きをする。句読法は文をどのように読解するかの指示を与えてくれる。それは楽譜が演奏家にどのように曲を奏でるかを指示しているのと同じだ。コンマに関する章で述べるとおり、コンマは2000年前のギリシアの劇作家が俳優たちにどこで息継ぎをするかを

指図するために最初に用いた。それが現代の「猫とコンマが同じでない理由」につながっているわけである。

  A cat has claws at the ends of its paws.
  A comma's a pause at the end of a clause.[2]
 〔猫は足の端に爪があり、
  コンマは節の端の休止だ。〕

　句読法無しで並べられた単語はエンターティナーのロルフ・ハリスがよくショーで描いてみせた絵を思い起こさせる。最初のうちはわけの判らない絵なので、視聴者は首を傾げて何の絵だろうと思いまどう。するとロルフは白絵の具の入った壺に小さい絵筆を突っ込み、そして——あの忘れがたい、人をじらすような調子で「まだ何の絵だか見当がつきませんか？」と言いながら——こちらに線を一本、あちらに点を一つ加え、さらに一筆曲線を描くと、突然すべてが明瞭になる。こりゃ驚いた！　さまざまな色のしみの集まりにしか見えなかったものが、実は最初からカンガルーがサッカーシューズをはいてサンドイッチを食べている絵だったのだ！　同じように、句読点のまったくない文章を基にして、適切な箇所に点や飾りを加え、一歩離れて眺めると——さあ、出来上がったものは？

---

[1]　「妖精」の原語 fairy は「同性愛の男」を指す婉曲語。
[2]　「猫とコンマはどこが違う？」という謎々への答え。claws と clause, paws と pause の同音性を利用したもの。

My dear Joe,

I hope you are quite well. I hope I shall soon be able to teach you, Joe — and then we shall be so glad. And when I am apprenticed to you, Joe: what larks! Believe me, in affection.

Pip

〔ジョー義兄(にい)さん

　義兄さん元気にしてますよね？　もうじき教えてあげられると思うよ、義兄さん——そうすれば二人とも嬉しくなる。それでジョー義兄さんの弟子になるんだから——何て素晴らしいんだ！　本当だよ、親愛の念をこめて、

ピップ〕

,

　ジョンソン博士（Samuel Johnson、1709-1784、イギリス最初の本格的英語辞書を作った）以降の言語の専門家は、「言語に香油を塗ろう[1]」とする試みは誤りだとする考えを受け入れてきた。言語は、言うまでもなく必ず変化して時代に適応していくものなのである。やがて時が経ち、ピップの元々の手紙がすぐ上に掲げたものと同様な容易さで読めるようなことになれば、現在の句読法の体系は死亡したと宣言することが可能になり、誰もそのことを気にはしなくなる。つぎの章以降で明らかになるとおり、句読法というものは、時代と共に変化・発展していく。この変化・発展は、多くの場合、

本に載ることばをより読みやすくすることが目的だが、こうした変化・発展は印刷者の約束事（句読点はすべて煎じ詰めれば印刷者の約束事だ）の本質に根ざしたものなのである。ただし——攻撃にさらされている現行の句読法を護ろうとわれわれが必死に戦っている今こそ——つぎのことを銘記しておくと有益である。つまり、何百年か前の読み手が現代に現れて、我々がいま何の欠陥もなく優美だと見なしている現代の句読法を見たらショックを受けるだろうということだ。すべての名詞を大文字で書かなくなってしまった[2]のはどういうわけだ、とこの人は言うに違いない。どうして日常の略語にフルストップ（.）を使わないのだ？[3] ときにはコロン（:）とダッシュ（—）を組み合わせてもいいではないか？ コンマが全部無くなったのはなぜだ？ today にハイフンが入っていないのはどうしてだ？[4] 嗚呼(ああ)悲しい哉(かな)。21世紀の諸君は何たる句読法恐怖症なのじゃ。

　そう言われればその通りだ。ここでは文の初めにある大文字と終わりのフルストップに話を限ろう（その他の句読点については後に扱う）。この二つはずっと昔から使われていたわけではない。文を大文字で始めるようになった最初は13世紀だが、この規則が一貫して守られるようになるのは16

---

[1]　死体に防腐処置を施すには香油を塗った。
[2]　ある時期までは，John, Mary などの固有名詞だけでなく，dog, cat のような普通名詞でも大文字で始めた。
[3]　この本の著者も Dr や pm などにフルストップは使っていない。
[4]　1950 年代でも，イギリスでは to-day と書くのが主流だった。

世紀である。4世紀から7世紀の写本では、ページの最初の文字が、文の最初の語かどうかに関わりなく、装飾を施されていた。そうそう、装飾文字の話になったので書いておきたいが、BBCテレビのお笑い番組 *Not the Nine O'Clock News*〔『9時のニュースじゃないよ』〕の中のあのシーンは誰にも忘れられまい。年老いて疲れ果てた感じの修道僧が、何年もかけて聖書の第1ページに金銀を使った装飾を施した。やれやれやっとくつろげる。だがよく見たら、そこに堂々と書かれているのは Genesis〔『創世記』〕ならぬ Benesis だったのだ。当今では文を大文字で始めるという習慣が行き渡っているため、ワープロソフトはフルストップを打った後に小文字を使おうとしても許してくれず、自動的に大文字にしてしまう。これは言うまでもなく e. e. cummings [訳1] のような人にとっては困った事態だが、小文字が、本の題名やテレビの字幕や企業名や、そして（言うまでもない）大文字・小文字を区別せずに受け入れるインターネットに容赦なく侵入していることに気付き、文頭に小文字を使用する習慣が若い世代の頭脳に混乱を押し広げることを心配して夜も眠れなくなる人々にとっては朗報だ。

　これに対してフルストップは一番理解しやすい記号だ。ただし誰もが文とは何かについて何らかの概念を持ち続けていればという条件付きの話であって、どうもこの条件は保証付きとは言えないが。フルストップは、その元々の名前「ポイント」（チョーサー（1340‐1400）はそう呼んでいる）と同様、英文法の中でも難攻不落の地位を占めている。文が終わ

るたびにフルストップ（ないしはそれに代わる感嘆符（！）か疑問符（？））が来る。簡単な話だ。ただついでながら、フルストップにばかり頼ってほかの記号を使わず、短い文ばかり使っていると、H. W.ファウラーの *The King's English*（1908年刊）を読んだ人には「句点病患者」と非難されるだろうし、アーネスト・ヘミングウェイの文体を真似ていると思われるだろう。ただフルストップ多用の利点は文法の過ちを犯さずにすむという点だ。ついでながらアメリカではフルストップのことを「ピリオド（period）」と言うが、「ピリオド」もフルストップのイギリスでの元々の名前の一つであったのだ。comma（コンマ）という単語がそもそもは（記号そのものではなく）文中のこの記号のついた部分を指したと同じように、period も以前は書きことばのもっと長い部分を指した。シェイクスピアは『夏の夜の夢』の中で period という語を使い、登場人物の一人であがっている素人役者について「文の途中にピリオドを置いている」と言わせている。これは次の引用、つまりフルストップを間違った場所に置くことによって台詞の意味を駄目にしてしまう人物が登場する最初の（そして滑稽さ最小の）場面の一つである。

We do not come as minding to content you,
Our true intent is. All for your delight

🐼1　Edward Estlin Cummings（1894―1967）。アメリカの詩人・小説家・画家。筆名としては常に小文字で表記する。

We are not here.[※1]
〔私共は貴方様方を満足させようとしてやってきたのではありませぬ、

これが私共の本当の意図でございます。皆々さまがお喜びになるよう私共はここにおりませぬ。

「夏の夜の夢」第5幕第1場〕

あーあ、つまらない。だがわれわれはフルストップという確固とした使用法が決まっている記号についてさえ安心してはいられないのだ。若い連中はフルストップのことをドット（dot）と呼ぶのだから。あの連中ときたらフルストップの後に小文字を使っておまけに間にスペースも空けない書き方が当たり前だと思っている。彼らに「7時30分」（seven-thirty）を数字（7.30）で書くようにと言ってみるがいい。おそらくコロンを使うか（アメリカのソフトだと7：30が出てくるので）、7-30とか7'30と書くだろう。

一方、識字力の低い者がどの記号を使うべきか判断がつかないときに使うのは今日ではコンマである。こちらの方がもっと大きい驚きと不安のもととなる。

The tap water is safe to drink in tea and coffee, however, we recommend using bottled water for drinking, it can be purchased very cheaply in the nearby shops.[※2]
〔水道水はお茶やコーヒーにすれば飲んでも安全ですが、

飲むにはペットボトルに入った水をお奨めします、近くの店でごく安く買えます。〕

60年前、G. V.ケアリが *Mind the Stop*〔『句読点に気を付けて』。Mind your step!（足もとに気を付けて）のもじり〕という本を出したが、その中ではアポストロフィには1パラグラフしか割いていない。アポストロフィについては言うべきことがほとんどなかったからである。「ほかの記号もアポストロフィと同じぐらい易しければいいのだが」とケアリは嘆いている。だがケアリのころは、人々が Am I looking at my dinner or the dog's?〔私の目の前にあるのはわたし用の夕食？ それとも犬用の？〕と、Am I looking at my dinner or the dogs?〔わたしの目の前にあるのはわたし用の夕食？ それとも犬たち？〕との違いを教えられ、知っていた時代である。この本から明白に学んでほしいことは、英語の諸相の一つである句読法に何が起こっているかについて、記述的アプロー

🐼1　上の第1行に先行する行の終わりと，第3行の残りを補い，句読法（大文字小文字の使い分けも含む）を直せば次のようになる。
In despite we do not come. As minding to content you, our true intent is all for your delight. We are not here that you should here repent you.〔私共は悪意からこちらへ参ったのではござりませぬ。貴方様方にご満足戴けるよう，私共の本当の意図は皆々様がお喜びになることでござります。貴方様方をがっかりさせるような目的でこちらに参ったのではござりませぬ。〕

🐼2　coffee の後のコンマをフルストップに換え，however の h を大文字にし，同様に drinking の後のコンマをフルストップに，その後の it を大文字で始めればもう少し整った書き方になる。

チと規範的アプローチの双方を組み合わせると有益であるという点だ。記述タイプの言語学者は、英語に起こった変化を観察・記録・分析するに留めておく傾向にあり、それゆえ毎晩毎晩目を覚まして悲鳴を上げずに済むことが多い。このタイプの人は、(たとえば)アポストロフィがBooksのような語に使われているのを見ても、つぎのように考える。それはアポストロフィの使い方が誰にも判らなくなった確実な証拠であって、アポストロフィの有用性は消失したのであり、それはティンカーベルの小さな灯りがだんだん弱くなっていき、それを支えるのはもはや無理強いされた喝采以外になく、究極的には薄れ、消失し、死ぬのと同じだ、と。これはきわめて分別のある健全な考え方だ。いささか冷ややかなものの見方だけどね。もう一方の極には厳格な規範主義の文法家がいる。この人々は、1943年に学校でAndやButで文を始めては絶対にいけないと教わった人たちだから、現代は無知と愚行によって無明の闇に包まれてしまっており、したがって近年以降に書かれたもののほとんどは焚書にすべきだと主張することでしょうね。

　最終的には両者の中間に位置するどこかにスタンスが取られるべきだと私は思う。ある時は頑強に異を唱える。なぜなら頑強さの利点をわれわれは理解しているから。そしてある時は柔軟な態度をとる。なぜなら柔軟さの合理的・歴史的必要性をわれわれは理解しているからだ。『句読点に気を付けて』の中でケアリは、句読法とは「三分の二は規則により、三分の一は個人的好みによって」律せられているものである

と定義している。私のスタンスは簡単だ。句読法のある側面については正か誤のどちらかしかない。他の側面に関しては良識に耳を傾けるのである。私は句読法使用によって得られる明晰さが最大のものになってほしいのだ。ということは、何を措いても、私はアポストロフィが適切な箇所で使われることを望む。誰も彼もが its と it's との違いを知るようになるまでは、そして dead sons photos などと、問題の写真に一人の息子が写っているのか二人以上なのかを明確にしないとんでもねえ書き方をする人が一人もいなくなるまでは、私は頭脳の戦いをやめはしないし我が剣を鞘の中に眠らせてはおかない（待って。「エルサレム聖書[訳1]」の最初の文は And で始まっていなかったかしら？）。噂によると、公務員の一部はアポストロフィを使用しないようというお節介な指示を受けているという。理由はもはや誰も使い方が判らなくなっているから、というのだ。これはまあ一種の現実主義であり、ウィンストン・チャーチルの up with which we shall not put[訳2] に匹敵するものと言えよう。誰にせよ、アポスト

[訳1] 近代の聖書研究の成果をまとめる目的で編まれたカトリック系聖書。英語版初版は 1966 年。

[訳2] 規範主義の文法家は，古くから Which table did you put the book on? のように，前置詞で文を終えてはいけない（つまり On which table did you put the book? と言わなければいけない）と，実際に広く行われている用法を無視して頑迷に主張した。チャーチルの言はその頑迷さをからかって，This is the sort of pedantry which we shall not put up with〔われわれはこの種の衒学性には我慢できない〕という普通の言い方から「前置詞」を全部 which の前に持ってきたもの。

ロフィを使うななどという決定をするとは何て生意気なの！ 何を根拠に公務員たちは——*Two Weeks Notice* を制作したワーナー・ブラザーズについても同じことが言えるけど——ティンカーベルは死ぬべきだという決定をする権利が自分たちにあると思っているのかしら？ 大手出版社が識字力不足に由来する題名の本を堂々と刊行する日までそう時間は掛からないのではないかな？ かろうじて残った少数の句読点咎め屋たちが揃って洞窟に避難する時も間近いのかもしれない。

　そこで提案する。行動を起こそうではないか。万国のやかまし屋よ、団結せよ！ 諸君はその均衡感覚を除いて失うものはないのだ！ もっともやかまし屋にはもともと均衡感覚などあまりないと言い得るかもしれないが。行動を起こしても世界を変えることはできないかもしれない。しかし少なくとも嘆き・憂いが減るのは確かだ。重要なのは自分の「内なるやかまし屋」を鎖からはずすことだ。ただし、顔の真ん中にパンチを食らったり、私有財産毀損で逮捕されないようにすることも大事だが。「静かにしよう（Pipe Down）」という名のキャンペーンをご存じのことと思う。レストランなどで有線放送の音楽（piped music）を流すことに反対する運動だ。我々の方のキャンペーンは「大いに騒げ（Pipe Up）」だ。他人に迷惑をかけよう。何かを実行しよう。使うなら鮮やかな赤のペンがいい。句読法が間違っているEメールは送り返そう。手紙も同じだ。ハロッズ・デパートにピケを張れ。[訳1] 家族が貴方の「内なるやかまし屋」を嫌がって、その

代わりに「内なるスクービー・ドゥー[2]」を持ってくれたらなあと心から願ったとしても、構うものか。少なくとも貴方が容赦無しの行動基準を採用するならば、このつぎ CD's、DVD's、Video's and Book's と書いた広告幕を見ても、憂鬱な気持で家に引きこもることはなくなり、直接行動に出て大いに言い合いをするようになるからだ。なぜなら——ここが重要な点だが——決して貴方ひとりだけではないからだ。

　お判り戴けるかしら？　ひとりだけ、というのがやかまし屋にとってはずうっと問題だったのだ。孤独感。自分はオタクであるという意識。仲間もいない偏執狂で、棒の先につけたアポストロフィという貧弱な装備で武装しているだけで、*Two Weeks Notice* の問題でワーナー・ブラザーズを取り巻いてデモを行う勇気などはとても出てくるはずはない。しかし十分の数の人が共通の大義のために結束できたら、かなりのことが達成できるのではないか？　むろん乗り越えなくてはならない障害物はたくさんある。とりわけ、イギリス人の国民的特徴である遠慮深さ（他人にあなたは間違っていますよと言うのは失礼だ）、無関心（誰か他の人がやってくれるだろう）、そして、どうしようもない臆病さ（印刷者の慣習という、瀕死の床にある病人のために袋叩きに遭うのは果

---

[1] Harrod という性の人が創始者なのだから店名は現行の Harrods ではなく，Harrod's であるべきだという趣旨。

[2] Scooby-Doo ワーナー・ブラザーズの怪奇喜劇映画。このウェッブページには原著者の嫌う語法や大文字・小文字の混用などが（おそらく意図的に）多用されている。

たして間尺に合うだろうか?)が邪魔をするだろう。しかし私には信念がある。本当の信念がある。そして私の「内なるやかまし屋」は、今や鎖を解かれため、咆哮し、つばを飛ばし、恐ろしい形相で尖った爪を振り回しているのだ。

,

　となると、我々の足を引っ張る要因は一つだけしか残っていないことになる。やかまし屋の一人ひとりがそれぞれ独自の考えを持っているという事実だ。このため、私は知識豊富な人々を集めて句読法自警団を結成することに大賛成ではあるものの、全員を同じ方向に向かわせようとすれば色々と問題が起きてくることも予見できる。たとえば、一方にオクスフォード式コンマの使い方（ham, eggs, and chips の 2 番目のコンマ[訳1]）は嫌悪すべきものだと主張する人々がいるかと思えば、他方にはオクスフォード式コンマは別に気にしないが、ハイフンの使い方が足りないと激怒する人がいる——そしてハイフン不足にはオクスフォード式コンマ批判者がちっとも気が付かないということがあり得る。そう、作家のイーヴリン・ウォー（1903‒1966）が言ったとおり、「誰もが自分自身以外の人の用法は野蛮か衒学的かのどちらかだと見なしてきたのだ」。またキングズリー・エイミスがその著 *The King's English*（1997）でウォーほど上品ではない言い方で書いているように、文法の世界は「間抜けと阿呆」に分かれている。間抜けは言語についてひどくだらしない人々であ

り、阿呆というのは（我々の目から見ると）忌まわしいほど正確さにこだわりすぎる人々を指すのだ。間抜けに任せておくと英語は「後期ラテン語のように不純さゆえに死んで」しまうし、阿呆に任せれば「中期ラテン語のように」今度は純粋さゆえに死んでしまう。もちろんこのことの欠陥はその盲信性にある。自分以外はすべて間抜けか阿呆だと決め込んでいる性格の持ち主にとっては、どんな人とも共通の大義によって連携を組むのは困難なのだ。

　映画の強盗団の描かれ方を見ていると、悪党どもの仲間割れはあまりにも速く、あまりにも無思慮だとお思いになるかもしれない。ところがやかまし屋の場合はもっと悪いのだ。チェコの小説家ミラン・クンデラ（1929 -）は、セミコロンでなくフルストップを使うべきだと言い張った出版社をクビにしたことがある。そうかと思うと、同一の出版物に、同一の印刷法マニュアルを用いて取り組んでいる常勤編集者たちのあいだで、ハイフンを加えたり、消したり、また入れたりという作業が——必要なら一日中でも——続いているのだ。こういうときには印刷業者への欄外に書く「ママ（STET）」（変更を取り消して「そのままにせよ」という意味）が大いに活躍することになる。1986 年から 1990 年ま

🐼1　and 直前の項目（この例では eggs）にはコンマを付けない方式のほうがより一般的である。訳者が無作為に書棚から抜き出したオクスフォード大出版局刊行の本からは, evolutionary biology, cognitive psychology, and paleoanthology という例がすぐさま目に飛び込んできた。

で文芸欄編集者を務めた『リスナー』誌で、私が担当するページの文章を滑らかなものにしようとする私の努力が、すべてある一人の副編集者によって毎回邪魔されていることに気付いた。彼女は私の書評を校正する際、いたずらでもするかのように何十ものコンマを挿入していたのである。コンマの一つひとつが私の肉に食い込むダーツのように感じられた。もちろん私は彼女の行為に対する苛立ちを彼女に見せはしなかった。彼女に有難うを言い、ゲラの上を吹き荒れているコンマの大吹雪を見やり、彼女が部屋を出るのを見すまして（負けるものかと立ち上がり）ゲラに戦いを挑んだ。副編集者が付け加えた部分を線で消し、「ママ」「ママ」「ママ」「ママ」「ママ」と全ページにわたって書き込んだのである。しまいには腕もしびれてきて体中の力が抜けてしまったものだ。誤解の無いように付け加えれば、このコンマの戦いは正邪を争うものではなく、好みの問題だったのである。

　この『パンクなパンダのパンクチュエーション』は文法に関する本ではない。私は文法家ではない。私にとって、サボーディネット・クローズ（従属節）とは永遠に（俳優のマーティン・ジャーヴィスがこういう言い方をしたのの受け売りだが）サンタ・クローズに「従属」する小さな助手なのだ。この文脈ではカッコの方がダッシュよりいいとか、コンマでなしにセミコロンを使うべきだ、などということを考える上で、英語学の学位は前提条件ではない。誰だってみんなアポストロフィをどこに使うべきかを理解する能力があるという信念が私になかったら、今この本を書いてはいなかったろ

う。句読法の本であるとはいえ、すべての問題に答えを出しているわけではない。すぐれた句読法指導書はすでに山ほど発行されている。『句読点修繕キット』(*The Punctuation Repair Kit*)という、子供向けの可愛らしい本さえある。この本は「オーイ！　バカは格好悪いよー！」という制作方針をとっていて、その方針自体は間違いだが、ともかく努力は買ってやらねばならない。

　こうした文法書すべてにまつわる困った点は、こうした本が主として学習熱心な外国人によって読まれているという事実だ。英語のネイティヴスピーカーの中でこれらの本によって啓発される必要のある人々は、まずもってこうした書を買って読もうという努力をしない。私はウディー・アレンの『おいしい生活』(*Small Town Crooks*)の一場面を思い出す。アレンとトレイシー・ウルマン（急に金持ちになった夫婦役）は自分たちの無知蒙昧を何とかしようとヒュー・グラント扮する男を雇う。その男が愛想良く教養のあらゆる面に関して御夫妻に助力致しましょうという場面である。「そちら様の方でお知りになりたいことは？」と、この男がアレンに訊く。アレンは、この男を雇うについての面接のあいだ中ずっと不機嫌だったが、いやいやながら「そうだねえ。コネティカット(Connecticut)の綴りを習いたいんだ」と答える。何とも素晴らしい台詞ではないか。「コネティカットのの綴りを習いたいんだ」！　同じように、アポストロフィをどこに使うべきか知りたいと願ってきたにしても、願っているだけでは結局知ることができないでしょ。違う？　だって

調べればごく容易に答えは見つかるのだもの。

　さて、この本が句読法の指導書でないとすれば、それを読むとどういう効果があるのか？　自己嫌悪を除去する方法を説き、自分を愛する許可を与える自習書があることをご存じだと思う。本書は句読法を愛する許可を与える本なのだ。この本にはつぎの諸点が盛り込まれている。私たちが現在持っている句読法はどのように発達してきたのか、このように小さく、しかし適応性に富んだ記号体系がほとんどの（全部のとは言わないが）言語的表現を適正に表示できるのはなぜか、そして、(*The Express* 紙のコラム、「ビーチコウマー」に従えば) 昔々の青果商がどのようにして「素晴らしきベス女王」（エリザベスⅠ世）の心を動かし、勅撰アポストロフィ監察官という官職を設けさせたか。[訳1]

　だが、主たる目的はつぎの点にある。やかまし屋たちには死んだ句読法が見えるという第七感的能力がある（涙を流さんばかりの調子で「そいつは自分が死んでることに気が付いてないんだよ」とささやく）わけだが、そのことについてやかまし屋たちに良い気分になって貰うことと、彼らのすぐれたユーモア感覚を擁護すること、なのだ。私が大事にしている漫画が二つある。一つは、ローマ軍の兵士が10人並んで、そのうちの一人はうつぶせで地面に倒れており、キャプション（選別に運良く洩れた兵士の陽気なことば）に曰く「なあ、この10分の1処刑法[訳2]も、ひとがいうほど悪くはないなあ！」。もう一つの漫画では、ぼんやりした間抜けな表情の人々の一群が建物の外に立っており、彼らの後ろには

Illiterates' Entrance〔非識字者用入口〕と書いた大きな掲示が見える、というものだ。なおこれについての恐ろしい事実を話しましょうか？　元々の漫画では Illiterate's Entrance と書いてあったものを私が直したの。間違った位置にあるアポストロフィを修正液で消し、正しい位置に書き込みをしたわけ。そうよ。私たちの中には、句読法自警団の団員となるべく生まれてきた人がいるんだから。

🐼1　この与太話的珍説については，59〜60 ページに幾分詳しい説明がある。

🐼2　古代ローマ軍の反乱者処刑法で，10 人につき 1 人をくじで選んで殺す。

アポストロフィは御しやすい

　2001年の春、イギリスのテレビ局ITVのオーディション番組『ポップスターズ』が当世向きのポップ現象をこしらえ上げた。Hear'Say〔ヒアセイ〕というヴォーカル・グループである。今思い出しても、Hear'Say の名は全国を駆けめぐったと言っても過言ではない。非常に多数の人々が彼らのレコードを買いに走ったし、新聞は新聞で、呼び名については常に正確を期することがモットーだから、Hear'Say のアポストロフィを発表通りの位置に置き、余分なスペースを入れないよう注意するという方針を直ちに立てた。このグループの名称を1語にまとめて Hearsay〔伝聞〕と書くのは、間違いだ。ハイフンを使って Hear-Say とするのはポップカルチャーに関する嘆かわしい無知ということになる。そういう次第だったので、Hear'Say という名の、気の毒にも奇妙な場所に置かれたアポストロフィはありとあらゆる場所でそのま

ま使われることとなり、アポストロフィがいかに苦しんでいるかに対しては誰も一瞬たりとも顧みようとはしなかった。それが使われている位置の居心地の悪さには誰も気が付かない。アポストロフィが、常しえの虚しさのうちにそこにぶら下げられ、眼力のある人々に向かって「僕はまともな句読記号なんだよう。こんな所から出しておくれ」と静かに訴えかけていたのに、である。2年ほど経ってから Hear'Say のウェッブサイトを開いてみて知ったことだが、この憂うべき大河ドラマの唯一の救いは、まあ基本的には、メンバーのひとりキム・マーシュがジャックと結婚するため 2002 年 1 月に——噂に次ぐ噂や、それに対抗する噂、噂の公式な否定などを経た後——脱退するや否や、有難いことにこのグループが結成から 1 年半で解散したという事実であった。

　さて、アポストロフィを拘束してさらし者にすることを禁ずる法律はない。句読法虐待の禁止は立法化されていないのである。だからセミコロンの脚をもぎ取っても咎められない。疑問符を強力な虫眼鏡の下で道に迷わせ、しなびさせても罪には問われない。そのほか何でもあり、なのだ。それにしても 2001 年に Hear'Say という命名が行われたのは、句読法に関する無政府状態への重要な里程標だった。これから見ていくとおり、アポストロフィという御しやすい記号は、英語の中でその本来的役割を熱意と優美さを以て常にこなしてきた。だが誰もアポストロフィのことを真剣には考えてやらなかったのである。アポストロフィの持つ適応能力は、残酷にも、当然のこととされてきたのだ。そして今や、書法を

極端に軽視する時代になって、われわれはそのツケを払っている。この小さな記号に課せられている仕事量はあまりにも多い。ところがアポストロフィの方は——不平を言うどころか——「もっと重しを」と頼んでいるかに見える。その姿はまるでアーサー・ミラー（1915-）の戯曲『試練』（*The Crucible*）の殉教者的な不思議な老人——黒い帽子をかぶりバックルを締めた宗教的偏屈者たちがこの男を石抱きの刑に処し圧死させようとしているシーンがある——のようだ。「もっと重しを」とアポストロフィは勇敢にも言ってきた——その声は段々とか細くなっているにせよ。今でも「もっと重しを」と、やっとのことながらかすれ声で言っている。だが私は問いたい。今後これ以上の虐待にアポストロフィを耐えさせてよいものだろうか？　アポストロフィが死に瀕して（愚かなショービジネス界のプロモーターたちは、まったくの装飾的目的だけのためにアポストロフィを物や人の名前に貼り付けている）からには、アポストロフィ救済の必要性を認識すべき時ではないのか？　英語はアポストロフィを16世紀に使い始めた。ギリシア語起源のこの語の元々の意味は「避けること」であり、そこから「省略」とか「脱落」の意味が出てきた。古典の文書では文字が省略されていることを示すのに用いられた。tertius〔第3の〕の省略形としてt'cius が使われたのがその例である。そしてイギリスの印刷者がアポストロフィを採用したときには、その機能はまだ文字省略表示に限られていた。シェイクスピア『恋の骨折り損』の学をひけらかす道化者、ホロファーニーズが言う

「アポストロフィが書かれていないのでリズムをお取り違えになられたかな？」という台詞を覚えているでしょう？　おっと間違い。もちろん覚えてるはずはない。ホロファーニーズのよう周りをいらいらさせる饒舌漢の台詞など誰も覚えていやしないし、この人物が何を言おうとしているかにかかずらって時間を無駄にするのはまっぴらですものね。私たちが知っておくべきことは、シェイクスピアの時代にはアポストロフィは文字を省略したしるしであったということだけだ。だからこそハムレットはアポストロフィに支えられた最大の自信を以て Fie on't! O fie![訳1]〔残念だ！〕とか、'Tis a consummation devoutly to be wish'd.[訳2]〔これこそ願ってもない最期の遂げ方だ〕、さらには I am too much i' the sun.[訳3]〔私は陽に当たりすぎています〕と言えるのである。ついでながら、最後の例は明らかに書き手がアポストロフィという当時は新奇だった記号を完全に使用のためにのみ使用したケースであり、これがために後の何世代にも及ぶ生真面目な長髪の俳優たちは得意げな顔で i' という発音を——それが実は意味に何かを実際に付加するわけでもないのに——するようになってしまった。

　アポストロフィの用途が当時のままにずっと簡素であり続ければよかったのにと思う。ところが 17 世紀のある時期から、印刷者たちは単数名詞の所有格の s の前にアポストロフィを侵入させ始め（例：the girl's dress〔少女の服〕）、それ以降、率直に言ってすべてが錐もみ状態で狂気へと落ちっていったのである。18 世紀になると、印刷者は複数所有格の後

にもアポストロフィを付け始めた（例：the girls' dresses〔少女たちの服〕）。ついでに言うと文法史家のうちのある人々は、アポストロフィを所有格に使うようになったそもそもの始まりは昔の his の縮約化であると言う。[4] 実は私自身もこの魅力的な説を何年にもわたって信じていた。信じた理由は簡単で、ベン・ジョンソン（1572-1637）の戯曲『セヤヌスその転落』（*Sejanus, his Fall*）を知っていたから、この題名から Sejanus's Fall まではあと一歩なことは自明だと推論したからである。ところが驚いた。この問題をめぐっては意見がいろいろに分かれていたのである。他の文法史家たちは、*Love's Labour's Lost*〔『恋の骨折り損』〕が Love-His-Labour-Is-Lost の縮約形であるなどという説明は無知から来る当て推量であり、一方の耳に入ったらもう一方から追い出してしまうべきだと言う。たしかに Henry-His-Wives から Henry's Wives〔ヘンリー VIII 世の妻たち〕が生まれたとする理屈は、女性の所有格に適用してみるとその説得性がい

---

[1] on't＜on it。Fie は嫌悪、悔しさなどを表す間投詞。

[2] 'Tis＜It is。wish'd：現代英語の wished, cursed などの -e- は発音されないが、当時はそれを発音する／しないの両形が並存していた。アポストロフィは -e- が発音されない方の形を示す。

[3] i'＜in。父を殺して王位につき、母を后に迎えた叔父がハムレットをしきりに息子（son）扱いし、「そなたの顔はまだ雲に覆われているようだが？」と言ったのに対する皮肉な台詞。sun に son を掛けてある。

[4] 往時 his は男性代名詞 he だけでなく中性代名詞 it（hit とも書かれた）の所有格であった。his が縮約され（＝簡略化され）て -s になったという説。

アポストロフィは御しやすい

ちじるしく下がる。なぜなら、Elizabeth Her Reign〔エリザベス女王の統治〕はこの理屈からすると Elizabeth'r Reign となっていたずで、こんな発音をすれば (a)少々足りないか、(b)少々酔っているか、さもなければ (b)少々イングランド南西部方言[*1]の話し手であるかのように思われてしまうという残念な結果が生じたはずだからである。

　となると、アポストロフィが履歴書を書くとすると、現職として何を書き込めばいいか？　当今のだらしない、無知蒙昧な使用法を憂えて髪の毛をかきむしる前に、『オクスフォード英文学必携』(*Oxford Companion to English Literature*)の叡智に学んで興奮を鎮めよう。同書にはつぎのように書いてある。「所有格を表すアポストロフィの使用規則には、教育ある人士がみなそれを知っていて、それを理解し、それに従っていたなどという黄金時代は一度もなかったのである」。それでは現代の文法家がそれぞれ「所有決定詞」「所有代名詞」と呼んでいるもの——どちらもアポストロフィを必要としない——の使用規則をわれわれがどれだけちゃんと知っているかをチェックしてみよう。

　所有決定詞

単数	複数
my	our
your	your
his	their
her	their
its	their

所有代名詞

単数	複数
mine	ours
yours	yours
his	theirs
hers	theirs
its	theirs

　さて今度はアポストロフィが毎日果たさねばならないさまざまの重要な任務を数え上げていこう。

1. 単数名詞の所有格を示す。

　　The boy's hat
　　〔その少年の帽子〈少年は1人〉〕

　　The First Lord of the Admiralty's rather smart front door　〔海軍本部長官邸の実に洗練された正面入口〕

これだけなら簡単に見える。でも、バットマン、そう早く飛んでいってしまわないで。名詞が複数形でも、sで終わらない形のときは、アポストロフィは同じようにsの前に来る。

　　The children's playground　〔子供たちの遊び場〕

※1　イギリスの標準英語では子音の前のr（例：lark, girl）や語末のr（例：father, mother はは発音されないが、この地方の方言ではアメリカ英語と同じように、発音される。

The women's movement　　〔女性たちの運動〕

しかし複数形が規則的、つまりsで終わる場合は、アポストロフィはsのあとに来る。

　　The boys' hats　　〔少年たちの帽子〕
　　The babies' bibs　　〔赤ん坊たちのよだれかけ〕

そんなことはとっくに知っているということであれば御勘弁御勘弁。ただ要は、こういうことさえ判っていない人がゴマンといることなのだ。そうでなければ子供たちのために大きな広場を設置して、Giant Kid's Playground という掲示を出したのはいいが、誰もが寄りつかないのでなぜだろうと首をかしげる、などと言う事態がどうして生じるのか？（ひとが寄りつかない理由：Giant Kid〔巨人児〕には誰でも恐れをなすからだ。）

2. 時間や量を示す
　　In one week's time　〔1週間後に〕
　　Four yards' worth　〔4ヤード分〕
　　Two weeks' notice　〔2週間の予告。ワーナー・ブラザースさん、ちゃんと見ておいてよ。〕

3. 年度を表す数字の省略を示す。
　　The summer of '68　〔(19)68年の夏〕

4. 文字の省略を示す。

　　We can't go to Jo'burg.

　　（We cannot go to Johannesburg.〔われわれはヨハネスブルグへ行けない〕：真ん中の綴りが判らないから行けないのかな。）

　　She'd've had the cat-o'-nine-tails, I s'pose, if we hadn't stopped' im.（She would have had the cat-o(f)-nine-tails, I suppose, if we had not stopped him.

　　〔われわれが彼を止めなかったら、彼女は昔の刑罰用鞭で打たれてしまったことだと思う。〕

　しかし、縮約語であっても、日常よく使われるものには、アポストロフィを言い訳がましく付けないでよい、というのが一般的に認められている。bus (ominibus)、flu (influenza)、phone (telephone)、photo (photograph)、cello (violoncello) などがそれだ。Any of that wine left in the 'fridge,[1] dear?〔ねえ、お前、あのワイン、まだ冷蔵庫に残ってたっけ？〕などと書くと、今では、きざとは言わないまでも意識過剰に見えてしまう。それに元々は縮約語であっても、もはや本格的な単語となっているものもある。つまり、アポストロフィを付けようにも、付ける場所がない。nuke (＜nuclear device〔核攻撃〕を加える)、telly

---

[1] fridge は本来 refrigerator のイギリスにおける略語だが、もはや略語として意識はされていない。

(＜television)、pram（＜perambulator〔乳母車〕）などがその例である。もっとも、信じられないかもしれないが、何とかアポストロフィを付けようと試みた人もいるのだが。

　もっとも有名なのは、文字省略用アポストロフィが、it's という語を生み出す事実だ。

　　It's your turn.（It is your turn.）
　　〔君の番だよ。〕
　　It's got very cold.（It has got very cold.）
　　〔ずいぶん寒くなった。〕
　　It's a braw bricht moonlicht nicht the nicht.☞1
　　（？？？判んないヨォ）

　句読法に心を配る人々は、Thank God its Friday.（アポストロフィ抜き☞2）のような文には、絶望感だけでなく、暴力的感情に駆られる。所有決定詞の its（アポストロフィ無し）と縮約形の it's（アポストロフィ付き）を混同するなどということは、紛れもない無知の証拠であり、平均的やかまし屋の心にも単純なパヴロフ的「殺せ！」の反応を惹き起こす。規則はつぎの通りなのだ。it's は it is か it has の略であって、it is でも it has でもなければ its を使わねばならない。これ以上判りやすい規則はないでしょ。it's と its を混同するのは句読法使用の世界の中でも最悪の違反行為なのよ。博士号を持っていようと、ヘンリー・ジェイムズ☞3の作品を全部、しかも２回ずつ読んでいようと関係ない。Good food at it's best〔旬の食材使用の料理〕などと相変わらず書き続けるつもりなら、雷に撃たれ、滅多切りに斬り刻まれ、墓標もない墓に放り込まれるべきね。

5. 変わった、非標準的英語を表すのに用いられる。

　小説などの中で、会話の部分にアポストロフィを無闇にたくさん（多くの場合、変わった大文字使用と一緒に）使うのは、その話し手が貧農、ロンドンの下層民、頑固な英国北部方言使用者であることを示すのが慣例になっている。こういう人たちの口からは、nobbut〔nothing but（〜に過ぎない）を表す方言〕という、心臓を凍らせるようなことばが間もなくでてくるなという予測がつく仕掛けだ。つぎに示すのはＤ・Ｈ・ロレンス（1885-1930）の『チャタレー夫人の恋人』第8章で男らしい猟場番メラーズが女主人に向かって言うことばである。

> 'Appen yer'd better 'ave this key, an' Ah min fend fot t' bods some other road...'Appen Ah can find anuther pleece as'll du for rearin' th' pheasants. If yer want ter be 'ere, yo'll non want me messin' abaht a' th' time.

☙1　スコットランド古謡『別れの盃』中の一節。「月の明るい魅力的な夜だ」の意。
☙2　正しくは Thank God it's Friday.「有難い今日は金曜だ（＝明日から休みだ）」の意。この名を付けた軽食レストランチェーンもある。
☙3　米国の小説家（1843-1916）。晩年英国に帰化。難解な作風で知られる。

〔んじゃ、この鍵さ持ってりゃいいだよ。んでおらぁほかのやり方で鳥の面倒見るだ……多分キジを飼うのに合うとこはよそにも見つかるべえからよ。奥様ここに来るの好きだら、おらがしょっちゅううろちょろしてちゃ気に入んなかんべえ。〕

メラーズに対して「普通の英語で話せないの？」とチャタレー夫人はピシッと言っている。

6. O'Neil とか O'Casey など、アイルランド名前に出てくる。

この O' が単なる縮約形――この場合 of の――だとする考えはまったくの思い違いである（John o' Gaunt[注1]の場合は of だが）。知っている人はあまり多くないが、O' の O は「孫」を意味するケルト語の ua が英語化されたものである。

7. 文字の複数を表す。

How many f's are there in Fulham?
〔Fulham に f はいくつある？〕
（サッカーファンの間で好まれる馬鹿げた謎々の答えは「Fulham には f は 1 つだけだよ[注2]」。）

In the winter months, his R's blew off.
〔冬の間には R の字が吹き飛んじゃってさ。〕
（ピーター・クックとダドリー・ムア[注3]の昔のジョーク。

また、R がなくなったため T OPICAL FISH, THIS WAY [4]〔話題のお魚様はこちらへ〕という謎めいた掲示が動物園に生まれた。)

8. 複数の単語も表す。

What are the do's and don'ts?
〔すべきこととしてはならないことは何か？〕

Are there too may but's and and's at the beginnings of sentences these days?
〔But や And で始まる文が近頃多すぎますか？〕

’

ここまで読みすすんだ読者には、すでにアポストロフィに対する哀れみの気持を持ってくださっていると期待する。アポストロフィの正当な使い方を列挙してみると、句読法の世界におけるアンバランスの存在が実によく判る。つまり、フルストップの重要さには異論がないものの、いろいろな役割

---

[1] ランカスター公爵（1340-1399）。一時イギリスの実質的支配者。
[2] 綴りに関する質問と、フラム・サッカークラブ（プレミアリーグのチーム）を掛けている。f は fuck（ヘナチョコ野郎）を表す eff と同音なので、質問の裏の意味は「フラム・チームにはヘナチョコ選手は何人いる？」。
[3] 1960-70 年代に活躍した二人組喜劇チーム。
[4] もとは TROPICAL FISH, THIS WAY〔熱帯魚はこちら〕。

を果たしているアポストロフィとは対照的に、フルストップは控えめに言っても鈍感・無感動な連中だという感じがする。もっと言うなら、フルストップの方は句読点世界のフリーター男である（1回ごとの仕事をし、それもきちんとやり、その後はすぐに忘れてしまう）のに対して、アポストロフィは半狂乱で複数のプログラムを同時処理し、あっちこっちに点を打ち、見返りのない努力から来る虚脱感ゆえに倒れてしまう女性なのだ。近年になって、アポストロフィの労働量のうち、たった一つ、重要な仕事が免除された。略語の複数形（MPs〔国会議員たち〕）や年代（1980s〔1980年代〕）にはもはや登場しなくてよくなった。比較的最近まではMP'sとか1980'sと書くのが普通だったのであり、実際アメリカでは今でもこの習慣が守られている。『ニューヨーカー』誌を読むイギリスの読者の中には、そこに1980'sと書いてあるのを見てこの権威ある雑誌もこの点に関しては始終無知に基づく誤りを犯しているのだな思い込んでしまう人々がいるが、おそらくこの人たちは『ニューヨーカー』が編集業務の上で極めて厳格に運営されていることで有名である事実を知らないからだろう。

　だがこうしたことに気を遣うのは、句読法愛好家の本性に根ざしたことであり、アポストロフィを誤用から護ろうとしている人々に私は喝采を送る。何年にもわたり、小説家・脚本家のキース・ウォーターハウスは『デイリー・ミラー』紙上、ついで『デイリー・メイル』紙上で、「アポストロフィ誤用廃止協会」活動を繰り広げ、誇張でなしに何百万の読者

に歓呼の声で迎えられた。ウォーターハウスはアポストロフィ虐待の例を何百となく挙げているが、中でも私が一番気に入っているのはかなり微妙な Prudential — were here to help you.[1]〔プルデンシャル保険会社——以前は貴方のお力になるためここにいたのですが〕というものである。これを読むと最初はいささか薄気味悪いが、意図された意味が Prudential — we're here to help you.〔プルデンシャル保険会社——私共は貴方のお力になるためいつでもおそばにおります〕であったと知れば安心する。ウォーターハウスのあとを継いでいる文筆家は多い。『アイリッシュ・タイムズ』紙のコラム担当者ケヴィン・マイアズが最近フィクション的物語を出版したが、これはある男が the League of Signwriter's and Grocer's and Butcher's Assistant's [2]〔看板書き・青果業・食肉販売業の助手連盟〕なるものに加盟したが、これがきっかけで自分のガールフレンドが文法的正確さにうるさいやかまし屋であることが判明した、という話なのである。

　一方、『エクスプレス』紙のコラム「ビーチコウマー」を担当しているウィリアム・ハートゥトンは、最近実に巧みな発想の物語を書いた。「勅任アポストロフィ監察庁長官」なる官職についての話で、これはエリザベスⅠ世の治世時代に設けられた由緒正しい名誉ある官職であるとのことだ。この話

---

[1] イギリス英語では主語が単数形でも、それが組織・機関などを表すときは、動詞に複数形（この場合は were）を使うことが多い。

[2] 最初の3つのアポストロフィは s の後に来なければならず、最後のそれは不要。

によると、青果業者という身分賤しき者（失礼。遠い昔の言い方なので）が「素晴らしきベス女王」の許にジャガイモを配達に来て、たまたま勅令中のアポストロフィの位置が間違っているのを見つけた。このことを青果業者が指摘すると、女王はすぐさま勅任アポストロフィ監察庁という行政機関を設けた。この庁の仕事はアポストロフィの質と配分を統制し、それを手押し車に載せて毎月第二木曜日（アポストロフィ木曜）にイングランド中の青果業者に配給するところにあった。[訳1] 現在のアポストロフィ監督庁長官、Sir D'Anville O'M'Darlin'が目下取り組んでいるのは、たとえば「トレンディーな出版社」が引用符（' '）の代わりにコロン（:）やダッシュ（—）を使う傾向などの喫緊な大問題である。トレンディーな出版社の違法行為は、不要になった引用符が非合法に海外に持ち出され、真ん中で両断されて質の劣ったアポストロフィに作りかえられて、不注意な英国庶民がそれを売りつけられる、という悪弊をもたらしている。

でも、職業的もの書き以外の人々がそんなことを気にするだろうか、ですって？　もちろん！　証拠は山ほどあり、よ。この本を書いている最中、『デイリー・テレグラフ』紙に、句読法虐待の例が読者からいくつか寄せられるよう期待しつつ、ある原稿を書いた。ダムを爆破したようなものだった。何百というEメールや手紙が届いた。それらはいずれも、われわれやかまし屋を憤慨させるようなことが起こったとき、われわれがいかに大きな欠陥品回収（リコール）の能力を持っているかを立証するものだった（手紙の例：「1989年のことで

した。絶対に忘れません。CREAM TEA'S [注2]と書いてあったのです」)し、教育程度の高い人々が恐るべく無知な世間に対して当然絶望感を抱いていることを証拠立てるものだった。手紙を読みながら、私はこれだけたくさんの人がわざわざ手紙をくれたことに対する大きな喜びと、イギリスの無知と無関心に関する圧倒的量の証拠を前にした憂鬱感を交互に感じていた。手紙の大部分は、もちろん、potato's とか lemon's などのアポストロフィ誤用に関するものだった。ただ、こうした何百もの例を読み、分類していくうちにある興味深い事実に気が付いた。青果業者式アポストロフィは、隅々にまでくまなく蔓延し、心ある人を抑鬱症にするアポストロフィ誤用全般のうち、鬱状態誘因性の1カテゴリーに過ぎない、という事実である。アポストロフィという小さな記号の正しい使い方のほとんどすべてが、看板の字を書く人や果物と野菜を売る人、つまりわれわれが公共の場で見ることばを書く人たちにとっては大きなつまづきの基となっているのだ。つぎに示すのは私の手許に寄せられた例のごく一部に過ぎない。

[注1] 青果業者はアポストロフィを乱用するとの定評がある(そのため次ページに見るとおり「青果業者のアポストロフィ」という慣用句さえある)ことをネタにした本気を装ったオハナシ。
[注2] cream tea は、ジャムやクリームを載せたクランペット(パンの一種)などが供される午後の茶の時間。

- 複数形を単数所有格にしてしまう（「青果業者のアポストロフィ[*1]」）

    Trouser's reduced〔ズボンお詰めします〕
    Coastguard Cottage's〔沿岸警備隊兵舎〕
    Next week: nouns and apostrophe's!〔来週：名詞とアポストロフィ〕

    （子供用文法コースを予告するBBC（！）のウェッブサイト）

- 複数形所有格でなく単数形所有格を使ってしまう（いずれもアポストロフィはsの後に来なければならない。）

    Pupil's entrance〔生徒用入口〕

    （生徒が一人きりなんて、よほど選抜に厳しい学校なんでしょうネ）

    Adult Learner's Week〔成人学習者週間〕

    （1人だけで教えてもらえるとは運の良い成人だなあ）

    Frog's Piss〔フランス人の酒〕

    （一匹のカエルに怪しからんシミをつけるフランス・ワイン）

    Member's May Ball〔5月の会員ダンスパーティー〕

    （他に会員がいないんじゃあその会員、誰と踊るんでしょうネ）

    Nude Reader's Wives（意図された意味はもちろん

Readers' Nude Wives〔読者たちのヌードになった妻たち〕なのだが、多重婚の1人の読者が裸になっていて、長い部屋着を着てふかふかの室内履きをはいた中年の女性たちにかしづかれているという興味深い姿を想像させる。)

● 単数所有格を使うべきところに複数所有格を使ってしまっている

Lands' End

(通信販売業者。何にも誤りはないと言い張っている[2])

Bobs' Motors

● 所有格のアポストロフィが必要なのに無使用 [3]

Citizens Advice Bureau〔市民相談窓口〕
Mens Toilets〔男子用トイレ〕
Britains Biggest Junction〔イギリス最大の連絡駅〕
(クラパム(Clapham)連絡駅を指す)

---

[1] アポストロフィは使ってはならない。以下の誤用については、〔 〕内に意図された意味を記す。
[2] Land's End はイングランド南西端の地。
[3] 最初の例ではsの後に、第2例ではMensの後に最後の例ではsの前にアポストロフィが必要。

● 複数形が間違っているため、後に何かが続くと誤解してしまう

　　Pansy's ready〔三色スミレ入荷〕

　　　（へえ、彼女、受け入れ準備があるってわけかい？[訳1]）

　　Cyclist's only〔サイクリング者専用〕

　　　（サイクリング者の唯一の何なのさ？）

　　Please replace the trolley's

　　〔ワゴンを元の位置に戻してください〕

　　　（ワゴンの何を取り替えればいいのさ？）

そして極めつけは、

　　Nigger's out〔黒ん坊は出て行け〕

　　　（ニューヨークで見た張り紙。その下にはブラックユーモア的に「でもすぐに戻ります[訳2]」と書き込んであった）

● 所有のアポストロフィを入れなかったため、意図と違った意味になる〔いずれもsの後にアポストロフィが必要。〕

　　Dicks in tray〔ディックのメイルが受信トレーにある〕

　　　（まあ考えないでおきましょ。〔dickは陰茎を表す卑語。trayは皿〕）

　　New members welcome drink〔新メンバー歓迎の無料飲み物〕

　　　（そりゃそうでしょう〔書いてあるままに読むと「新メ

ンバーは飲み物を歓迎する」という文になる。〕)

● アポストロフィが必要なことは判っているけど……でもどこに付けるの、えーっ、どこに？

It need'nt be a pane.〔窓用とは限りません。：need'nt → needn't。〕

(安売りガラス宣伝のワゴン車に)

Ladie's hairdresser〔女性用ヘア・ドレッサー：Ladie's → Ladies'〕

Mens coat's〔紳士用上着：Mens → Men's coat's → coats〕

Childrens' education〔子供の教育：Childrens'→ Children's そもそも childrens では「二重複数」になってしまう。〕

(全国教員組合の会長から来た手紙に)

The Peoples Princess'〔庶民の女王：Peoples → People's Princess'→ Prencess〕

(〈ダイアナ妃〉追悼のカップに)

Freds' restaurant〔フレッドの料理店：Freds'→ Fred's〕

☜1　pansy の複数形は pansies。一方、Pansy は女性の名前。
☜2　店番が1人の店では、昼食時などに店を閉め「ちょっと留守をしますが間もなく戻ります」という掲示を残していく。

❢ アポストロフィは御しやすい　65

● 地名や固有名詞に余分なアポストロフィを入れている
　Dear Mr Steven's
　XMA'S TREES
　Glady's（店員のバッジに）
　Did'sbury

● Its と書くべきところを、It's とか Its' と書いている
　何百とない例があり、その多くはナショナル・トラスト[訳1]や大企業など立派な組織が使っているものだが、特に注目すべきものを挙げる。

　　Hot Dogs a Meal in Its' Self
　　〔ホットドッグは本格的食事です〕
　　　　（ノーフォク州の海水浴場で）

　　Recruitment at it's best〔最適期の募集〕
　　　　（民間職業紹介所の謳い文句）

　　"...to welcome you to the British Library, it's services and catalogues"〔大英図書館への御案内として、私共の諸業務やカタログ類…〕
　　　　（大英図書館の読者勧誘パンフレット）

● ただの無知
　　"...giving the full name and title of the person who's details are given Section 02〔02項に詳細が載っている人のフルネームと肩書きを書き……：who's →

whose〕

(イギリスの旅券発行申請用紙)

Make our customer's live's easier〔お客様の生活をより安楽なものにする：customer's　live's → customers' lives〕

(アビー・ナショナル銀行の宣伝)

Gateaux's〔菓子：Gateaux's → Gateaux (単数形は gateau 〈発音は [gətóu]〉、複数形は gateaux, gateaus の双方あり、いずれも [gətóuz] と発音される)〕

(ほかの綴りは考えられなかったのだろう)

Your 21 today!〔いよいよ21歳ですね！：Your→You're〕

(既成のバースデーカード)

● **アポストロフィの代わりにコンマを使う**〔アポストロフィを使えば正しくなるという意味ではない。どちらを使っても誤用。〕

Antique,s〔骨董〕

(コルチェスター近くの A120 号道路で)

apple,s

orange,s

grape,s

(有難いことに以上3点は同じ売店での表示)

🐼1　史跡・自然美保存を目的とする民間団体。

● アポストロフィを使う努力さえ放棄

　Reader offer〔読者の申し出：Reader → Readers'〕
　Author photograph〔著者の写真：Author→Author's〕
　Customer toilet〔客用トイレ：Customer→Custmer's〕

　以上は私に寄せられた例のほんの一部に過ぎない。同僚がアポストロフィの代わりにコンマを使うと言って寄越した人々もいるし、フランスのランスにある l'Apostrophe という名のレストラン（御要望があれば町名・番地をお教えします）を御親切にも推奨してくれた人もいた。またサマセット州の男性からは、ある菜園のそばを通るたびに Carrott's と書かれた看板を見て辟易としていたのだが、やがて菜園の持ち主の名が R. Carrott（これはどうしようもない）と知って納得した、というお便りを頂戴した。これなら看板の上部に Carrott's としてあっても不思議はない。[訳1] なおこの菜園ではほかの野菜や果物の名前は綴りも間違っておらず、句読法も完全であるという。

,

　ここまではアポストロフィの正用法と誤用とを取り扱ってきたので、私も気楽な心持ちでいられた。だがここからはそうはいかない。アポストロフィの用法がそれほど単純でない領域があるからである。これ以降は、文体、語法、そして「認容可能な例外」（やれやれ）という、薄暗いトンネルの中

へアポストロフィが足早に入って行くのを追いかけていかなければならない。固有名詞が -s で終わる場合——私の名前がまさにそうだが——の所有格形を取り上げよう。この本は Lynne Truss' book か Lynne Truss's book か、どちらが本式なのだろう。投書者の一人（名前は仮名にしてある）は、いくぶん苛立った調子でつぎのように書いている。「私はずっと前から、自分で本を書くとしたらそれを Philippa Jones' book と呼びたいと固く思っていました。s を余分に付けて Philippa Jones's book と書くつもりはありませんでした。余分な s を付ける誤りはよく見かけます。小型スクールバスにさえ、St James's School などと書いてあるのです。書き方の規則が変わったのかもしれませんが、今どきの教師たちには正用法が判らないのかもしれません」。

　残念なことにこの投書者は、見当違いの非難を、しかも二つの的に向けるという厄介な立場に陥っている。ただその原因はひとえにこの問題に関する人々の好みが変わってしまったところにある。現代の句読法指導書（その中には究極的権威を持った書、*Fowler's Modern English Usage*[2]も入っている）によれば、s に終わる現代の名前（聖書に出てくる人名や、発音されない s で終わる外国人名も含む）にはアポストロフィの後にも s が必ずなければならない、とされている。

---

[1] 店名には、店主・経営者の名にアポストロフィ＋s を付けて Henry's, Andy's などを使うことはよくある。だから 36 ページに見るとおり、Harrods は Harrod's と書かれるのだと著者は言うのである。
[2] 75 ページの[1]参照。

Keats's poems〔キーツの詩〕
Philippa Jones's book〔フィリッパ・ジョーンズの本〕
St James's Square〔セント・ジェイムジズ・スクェア〕
Alexandre Dumas's The Three Masketeers〔アレキサンドル・デュマの『三銃士』〕

古典時代の名前になるとアポストロフィの後にsは付けない。

Archimedes' screw〔アルキメデスの螺旋水揚げ機〕
Achilles' heel〔アキレスのかかと〕

名前が[iz]という音で終わる場合は例外扱いとなる。

Bridges' [brídʒiz] score〔ブリッジズの論拠〕
Moses' [móuziz] tablets〔モーゼの銘板〕

Jesus [dʒíːzəs]〔イエス・キリスト〕の場合は常に例外である。

Jesus' disciples〔イエスの使徒たち〕

ただ、これらは文体や好みの問題であて、万古不易なものではない。だからこれにあまり固執しない方が良策というものだ。ビル・ウォルシュの楽しい題名のついた本 *Lapsing into a Comma* [注1]（ウォルシュは『ワシントン・ポスト』紙の編集長である）はつぎのように言っている。アメリカの

多くの新聞は Connors' forehand 〔(テニス選手)マイク・コナーズのフォアハンド〕という書き方の方を好むが、彼自身の好みは Conners's forehand であり、「私と同じセンスを持った新聞社で働けて嬉しい」。最近出版された句読法指導書を十何冊か読んだ上で確信をもって報告する次第だが、上で述べたことのほとんどすべての側面について、これらの本の間には微小な不一致が見られ、真の一致が見られる唯一の点は、どの本も Keats's poems を代表例として使っていることだ。妙だが本当の話だ。どうやら誰もキーツを放っておけないらしい。「Keats' poems と書くのが正しい(Keats'sではない)」と一方は叫び、他方は「Keats's poems が本当だ(Keats'ではない)」と吠える。やれやれ、可哀想なキーツ、考え込んじゃうでしょ？ あんなに咳をしていたのも無理ないわ。🐾2

　こうしたことがらについては全体的な正誤はない、とは言ったものの、多くの人がロンドンの St Thomas' Hospital にはなぜ s の後にアポストロフィがないのかと手紙で訊いて

🐾1　直訳すれば「コンマに陥って」。comma(コンマ)を coma(昏睡状態)に掛けたもの。
🐾2　キーツ(1795-1921)は結核のためローマで客死した。
(次ページ) 🐾1

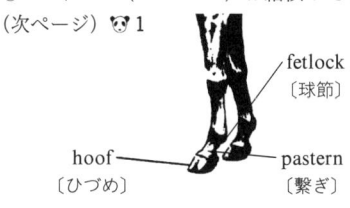

fetlock〔球節〕
hoof〔ひづめ〕
pastern〔繋ぎ〕

🔖 アポストロフィは御しやすい　71

きたときには、これはもうジョンソン博士の真似をするほかないなと感じた。ジョンソン博士はその辞書の中で、馬の脚のpasterrn[訳1]〔繋ぎ〕を誤ってknee〔膝〕と定義してしまった。ある女性がこれについて質したところ、手の込んだ弁明が返ってくると思いきや、博士はあっさりと「無知ゆえです、奥様、まったくの無知ゆえです」と答えたのである。私の考えではもちろんこれはSt Thomas's Hospitalであるべきだ。絶対にそうあるべきですったら！　困ったことに、公共機関、市町村、カレッジ、家門、会社、商品等は自分たちの名前の綴りや句読法（それは歴史に由来する場合が多い）に対して権限を持っているわけだから、我々としては困惑に顔をしかめてこうした例を心に留めておく以外のことは一切できない。イギリスの新聞の副編集者たちが何を措いても最初に学ばねばならないことは、事実上つぎのようなことに尽きる。Lloyds TSB〔ロイド信託貯蓄銀行〕の方にはアポストロフィがなく、Lloyd's of London〔個人保険業者組合〕にはある。地名のEarls Court, Gerrards Cross, St Andrewsにはアポストロフィが付いていない（もっとも地下鉄のEarl's Court駅には付いたようだが）。出版社名のHarper-Collinsはスペースなしに綴り、青少年向けスポーツ・教養センターのBowes Lyonにはハイフンが入らない。そしてBiroとHooverの最初の字を大文字にしないとたちどころに抗議の投書がうんざりするほど殺到してBiroとHooverは商品名なんだぞと教えてくれる。[訳2]　なお、諷刺雑誌 *Private Eye* がかつてBiroの代表者から寄せられた手紙の一つ

を載せたが、それには What a pathetic way to make a living.[注3]〔なんと感動すべき生計の方法か！〕という記念すべき見出しが付いていた。

　そういうわけで、St Thomas' Hospital という表記は病院側がそう自称しているのだからどうにもならない。同じように、サッカー・チーム、ニューカースル・ユナイテッドが自分たちの競技場を St James' Park と呼んでいることについても打つ手はない。つまるところ、どちらの名称表記法についてもカリカリするには価しないのだ。いや、それどころか、二、三回深呼吸をしてみれば、こういう例外的使用法を黙認するだけでなく、積極的に大事にし、愛していこうという気になるかもしれないのだ。個人的には、私は University College London〔ロンドン大学ユニヴァーシティー・カレッジ〕が要らざるコンマを使う[注4]という無知をさらけ出したり、E・M・フォースター（イギリスの小説家。1879-1970）の作品 *Howards End*（『ハワーズ・エンド』）が手癖の悪い校正者によって *Howard's End* に変えられてしまい、その方が普通だと思われたりする状況が起こったらば、

[注1]　→ 71 ページ注。
[注2]　イギリスでは、ボールペン（特に使い捨て式のもの）を、製造会社の別を問わず biro と呼び、電気掃除機のこともこれまた何社製であろうと hoover と呼ぶことが多い。日本で民間会社による荷物配送を、おしなべて「宅急便」と呼ぶのと同じ現象。
[注3]　感嘆符でなくフルストップが使われている。
[注4]　本文にある書き方が正式だがこれが University College, London と書かれたならば、の意。

❢ アポストロフィは御しやすい　　73

ことばを失ってしまう。一方、*The Times Guide to English Style and Usage* (1999) は、読者がこんなことのために自分の精神衛生を犠牲にしないようにという分別のある助言を、つぎのような見事な言い方で与えている。「独自の様式に従ってアポストロフィを使う組織に気を付けよう。たとえば St Thomas' Hospital だ。この場合、われわれとしては病院側の気まぐれを尊重するほかない」。

さてそろそろこの辺で白状しよう。私は何年にもわたってアポストロフィのもう少し細かい規則、つまり「二重所有格」と戦い続けてきた。これは完全にまともな文法的構造なのだが、にもかかわらず私の神経にひどくさわるし、これからも永久にさわり続けるだろう。この語法は新聞で始終使われている。

Elton John, a friend of the footballer's, said last night...
〔そのサッカー選手の友人であるエルトン・ジョンが昨夜語ったところでは……〕

Elton John, a friend of the couple's, said last night...
〔夫妻の友人であるエルトン・ジョンが昨夜語ったところでは……〕

Elton John, a friend of the Beckhams', said last night...
〔ベッカム夫妻の友人であるエルトン・ジョンが昨夜語ったところでは……〕

さあ、エルトン、酸素マスクを渡してよ。そしてお願いだから私がちょっと考えるあいだ貴方のケバいお友達のことをいつまでもしゃべり続けるのをやめてよ。a friend of the footballer's ですって？　a friend of the footballer じゃどうしていけないの？　of the〔～の〕が使ってあるのだから、もう一つ所有格を使う必要はないでしょう？　つまり、なぜあの素敵なベッカムご夫妻サマがエルトン・ジョンを二度も所有する必要があるの？　それともこれって馬鹿げた質問かしら。

　けれども、パニックになりそうなのを何とか抑え込んでロバート・バーチフィールドの *Fowler's Modern English Usage* [1]（1998）を見てみよう。さあ何と書いてあるか？　二重所有格は冷静な解説を受けており、私の疑問は溶け始めた。a friend of mine とか a friend of yours という言い方に反対ですか、と辞書は問うているかのようだ。なるほど。私には何の異議もない。a friend of me とか a friend of you なんて言い方を私は絶対にしない。それに、そう、a cousin of my mother's〔私の母のいとこ〕とか a child of hers〔彼女の子供〕という表現は確か̇に̇使う。そうか、それなら a friend of the footballer's だって同じことなんだ！　二重所有格が避けられるのは、使われている名詞が非生物を指すと

---

[1] H. W. Fowler（1858-1933）が編み1926年に刊行した正用法辞典 *A Dictionary of Modern English Usage* が原本。1996年にバーチフィールドの改訂により第3版が出された。

きだけだ。たとえば大英博物館の愛好家は a lover of the British Museum と呼ばれる。なぜなら、大英博物館が人間を愛好するということはないし、あり得ないことだからだ。

おたがい、アポストロフィの話にはウンザリし始めたころね。そこで、心残りのないようにあとほんの2、3のことを話してお終いにしましょう。

1. ある人が投書で、私が one's〔ある人の：多く自分のことを指す〕を使っているのは間違いで（「よくある間違い」などと曰っている）、ones と書くべきだと言ってよこした。あまりに下らないから一切論評しない。ヴァージニア・ウルフ（イギリスの小説家・評論家。1882-1941）のところへ行って、彼女の有名な評論集は *A Room of Ones Own*〔実際の題名は *A Room of One's Own* であり、かつ文法的にも正しい〕と題されるべきだと言ってごらんなさい。どこまで貴方の意見が通るか試して見るといいわ。

2. 繰り返しになるが、it is か it has の縮約形ならばそれは it's である。

　　It's a long way to Tipperary.[訳1]

who is か who has の縮約形ならそれは who's である。

　　Who's that knocking at my door?

〔ドアを叩いているのは誰？〕

they are の縮約形なら they're である。

> They're not going to get away with this.
> 〔こんなことをしでかして、奴らに知らん顔はさせないぞ。〕

there is を縮めて使うなら there's である。

> There's a surprising amount about the apostrophe in this book.
> 〔この本にはアポストロフィへの言及が驚くほど多い。〕

you are を縮めて使うなら you're である。

> You're never going to forget the difference between "its" amd "it's".
> 〔its と it's との違いを決して忘れてはいけない。〕

it's と its、who's と whose、they're と their（そして there も）、there's と theirs、そして you're と your とは発音が同じかきわめて近い。この悪運をわれわれは呪うべきかもしれ

🐼1　昔のミュージック・ホールの歌だが、第1次大戦中に行軍歌として好まれ、今でもイギリス人なら一応知っている。Tipperary はアイルランド南部の町。

💬 アポストロフィは御しやすい　　77

ないが、正規の教育を受けた成人がこれらを混用したならば弁解は許されない。下に正しい例を挙げておく。

>This chapter is nearing its end.
>〔この章も終わりに近づいている。〕
>Whose book is this, again?
>〔もう1度訊くけど、これは誰の本？〕
>Some of their suggestions were outrageous!
>〔彼らの提案のうち、あるものは途方もないものだった。〕
>This is no concern of theirs.
>〔これは彼らに関係のない話だ。〕
>Your friend Elton John has been talking about you again.
>〔君の友だちのエルトン・ジョンがまた君のことを話してたぜ。〕

,

『エクスプレス』紙の痛快なコラム「ビーチコウマー」が扱う勅任アポストロフィ監察庁長官に関する話には、倒錯的な安堵感を与える法則が何度も登場する。「アポストロフィ保存の法則」である。13世紀以来の異端的考えであって、この説によれば自然界にはあるバランスが存在するという。つまり、「it'sからアポストロフィが1つ省略されるたびに、itsに1つのアポストロフィが挿入される」というわけなの

である。それゆえアポストロフィの流通量は常に一定の数に保たれる。たとえこのことが、われわれが自分の頭を壁に叩きつけたくなる理由を2倍に増やすことを意味するにもせよ、だ。無学に起因するアポストロフィ誤用の中でも、私の心の中にいくぶんかの同情を惹き起こす唯一のタイプは、青果商による誤用だ。第1に、青果商というのは言うまでもなくゴツゴツの手を持った人々で、ことばで生計を立てているわけではない。第2の理由は、母音で終わる単語の場合、複数にするために後ろにsをポンと付けただけでは何となく落ち着かない、据わりの悪さを感じる、という点で私は青果商と同感だからだ。bananasという複数形を考えてみよう。ちょっと見ると、この後の最後の音節はass〔馬鹿、のろま〕と同じような発音だと感じてしまう。🐻1 bananaが複数形になってもその発音が変わらないようにするにはどうすればいいのだろう。あ、そうだ。sの前にアポストロフィを付けりゃいいんだ！　potatoesがpotatoの複数形であることを知らない人がいたら、もちろんその人を弁明する余地はない。しかしこの場合も、もしpotatoのあとにただsを付けただけだと、oとsの間に何らかの印を付けたくなる衝動が抑えがたくなるためにeが挿入されたと考えられないだろうか？なぜって、potatosと書くとpot-at-oss［pɔ́tətɔ́s］と発音したくなるもの。絶対そうですったら！

　おまけに、青果商を無知だと言って猛烈に非難する人々の

🐻1　［bənɑ́ːnəz］であるはずなのに［bǽnənǽs］であるかのように感じられる。

多くが知らないことだが、アポストロフィのこの用法は19世紀までは合法的だったのである。母音で終わる外来語の複数形を作る際、発音上の混乱を防ぐために、母音とsの間にアポストロフィを入れていたのである。たとえば18世紀の文献を見ると、folio〔二つ折本〕の複数形としてfolio's が、quarto〔四つ折本〕の複数形として quarto's が使われているのが判る。私としては、この目的のために違う記号が当時使われ（あるいは発明され）ていればよかったのにと思うばかりだ。そうすればこれまで長いこと苦しんできた我らが友、アポストロフィを重圧から解放することができただろうに。実は、聞くところによると、アポストロフィ自警団員の一部のあいだでは、アポストロフィの代わりにティルデを使って上の書法を復活させようと言う動きがあるそうだ。ティルデというのはスペイン語の書法で使われ、我々のパソコンのキーボードにもある、~という形の記号だ。つまり、quarto~s, folio~s のように書こうというわけだ。logo, pasta, ouzo, banana の複数形はもちろん logo~s, pasta~s, ouzo~s, banana~s ということになる。ただ、現状では、用法の守護神たちは、quarto's のような書き方をする人がいれば、ひどく顔をしかめる。ロリート・トッド教授がその名著 *Cassell's Guide to Punctuation*（1995）で辛辣に言っているように「この用法はかつては正しかった。それはちょうどお茶を茶碗の受け皿に入れて飲むのがかつては正しいとみなされたのと同じ」だからだ。

　いつの日か、現状とは逆に、it's の中で正当に使われてい

るアポストロフィの数が、its から正当に省かれたアポストロフィの数と完全に一致するようになれば嬉しい。目下のところ、アポストロフィ虐待の状態に心を痛めている我々にしうることは何だろう？　第1に、われわれは「恐竜〔時代遅れの人〕」（本当に嫌な名前ね）というレッテルを論破しなければならない。第2に、武器を手にせねばならない。アポストロフィ戦争に必要な武器を下に示そう（気持ちが悪くなった人がいたら、どうぞ読むのを辞めて頂戴）。

修正液
太いペン
各種サイズのステッカー、白（不要なアポストロフィの上に貼るため）と色つき（必要な箇所にアポストロフィを挿入するため）の両方
ペンキの缶と大きな絵筆
ゲリラ風服装
人格障害用の強力な治療薬
強力拡声器
銃

以前、ブリストルのある店の主人が人を呼び込む計略としてわざと文法的に誤った張り紙を窓に出したという話はどうやら本当らしい。文句を言いに店に入ってくる人々は、主人の弁口で丸め込まれ、何か買わされてしまったという。ふん、今に私の句読法自警団員が方々で見張りをすることにな

るから、その店のご主人さん、また同じ手は使わない方がいいと思いますよ。われわれアポストロフィ愛好者は、手をこまねいてアポストロフィが廃止されるのを見過ごすことなどはしない。それはわれわれが受け皿からお茶を飲んでいる恐竜（興味深い図だけれど）だからではなく、アポストロフィが何世紀にもわたってわれわれのことばを優美にし、その意味に輝きを与えてきた功績を評価するからである。何を表しているかを明らかにするために句読法の助けをこれほどまでに多く必要とする単語が英語の中にいくつかあるということは、アポストロフィの罪ではない。それどころか、アポストロフィがその務めをこなしうるということは、アポストロフィの名を高からしめるものである。アポストロフィの廃止を口にするような臆病な連中は論点を取り違えているのだ。この駄洒落[訳1]を私は大いに意図的に使っている。アポストロフィを廃止した翌日のつぎの状景を想像してほしい。勝ち誇った廃止論者は腰を降ろしてつぎのように書こうとする。

Goodbye to the Apostrophe: we're not missing you a bit!

〔アポストロフィよ、さらば。お前などいなくても平気だ〕、だが平気ではいられない。アポストロフィがいなければ、we're と書けないのだから。アポストロフィを廃止してごらんなさい。1時間もしないうちにもう1度アポストロフィを発明する必要が出てくるわよ。

🐼1 「論点を取り違える」の原語、miss the point は「ポイント（句読点）が見つからなくなる」とも解せる。

,,,,␣␣␣␣
それで十分だよ、コンマ君

　ユーモア作家ジェイムズ・サーバー（James Thurber 1895-1961。アメリカの小説家、漫画家、挿絵画家）が、1930〜40年代にかけて、ハロルド・ロスが編集長を務める『ニューヨーカー』誌に寄稿していたころ、この二人のあいだではコンマをめぐって激しいことばが始終交わされていた。その光景を想像してみると楽しい。酒の強い二人の大物が律儀に中折れ帽をかぶり、句読法の細かい点について大きな机を叩きながら怒鳴り合っていたというのだから。このへんの事情を描いたサーバーのことば（『ロスを対手（あいて）に幾歳月』*The Years with Ross*, 1959, にある）によれば、ロスの「明晰性コンプレックス」は極限に達することが多く、コンマをどんどん足していけば明晰性は限りなく増加すると信じていたようだ、とある。サーバーの方は、ロスの対極に位置する高潔の士に自らを任じ、コンマなるものを、読み易さという広い

回廊に投げ出されてひっくり返っている役立たずの事務用椅子の群れだと見なしていた。だから二人の意見は永久に一致しなかった。ロスが red, white, and blue と、コンマを最大限に使って書くとすると、サーバーは red white and blue とコンマ抜きで書く。その理由は「コンマのたくさん入った文章は雨でずぶぬれになった旗だ。もうたたみ上げられてしまったように見える」なのである。恒久的な敵対関係の基となっている「コンマ愛好症」について知りたい人は前出『ロスを対手に幾歳月』を読むといい。サーバーはあるとき、ワーズワース（William Wordsworth, 1770-1850）の5篇の詩「ルーシー詩編（*Lucy Poems*）」の一部を『ニューヨーカー』風に句読点を変えてタイプし、ロスに送ったことさえある。

> She lived, alone, and few could know
> When Lucy ceased to be,
> But, she is in her grave, and, oh,
> The difference, to me.[注1]

だがロスはサーバーの皮肉に一向に動ずることはなかったらしく、サーバーもついにはロスの考え方に従わねばならなかったようだ。結局、力を握っていたのはロスだったのだ。原稿料の小切手を切るのはロスであったし、何よりも彼は比類のない編集者だったのだ。ロスはあるとき、メンケン[注2]への手紙で「『ニューヨーカー』では、編集に当たって高度の細

心さを求めてきました。極限までの几帳面さと言っていいかもしれません。この細心さはとどまることを知らないと言ってもいいかもしれません」と素直に告白している。そう言うわけでコンマは大量に使われた。サーバーもあるとき記者から「あなたは After dinner, the men went into a living-room.〔晩餐の後、男たちは居間へと入っていった〕と書いておられますが、あのコンマは何のために使われているのですか？」と訊かれた。このときのサーバーの答えは句読法に関してこれまでに言われたことの中で最高傑作と言えるかもしれない。「あの特定のコンマはね」とサーバーは説明した「椅子を後ろへずらして立ち上がる時間を男たちに与えるためのロス風のやり方なんだよ」。

　どうしてこういう問題が持ち上がるのだろう？　どうして

🐼1　本来の句読点で示し、和訳の一例を挙げると、

She lived alone, and few could know	人知れず暮らし、知る人ぞ知る、
When Lucy ceased to be;	ルーシーが逝ったのはいつ。
But she is in her grave, and , oh,	地下に眠るルーシー、ああ、
The differnce to me!	かけがえのないルーシー。

　　　　　『対訳 ワーズワス詩集』山内久明訳（岩波文庫）
となる。本文式のコンマが入ると、第1行前半は「彼女は生き残った、一人だけ」とも解され、3行目の But は不当に強調された「だが、それにしても」のような意味となり、最終行の to me は「少なくとも、私にとってはね」のような不当な対照を示唆する。

🐼2　H. L. Mencken (1880-1956)。アメリカのジャーナリスト、評論家。アメリカ合衆国の英語の発達をくわしく記述した *The American Language* (1919) で有名。

意見の相違がこうも大きいのだろう？　アポストロフィに関して規則があるのと違って、コンマに規則はないのかしら？　いえ、実はあることはあるのだ。ただ、コンマに関しては重要でかつ複雑な規則があることを知ると、楽しさと面倒くささが半々に感じられるかもしれない。コンマという記号は、他のどの記号にも増して、現代の句読法がさまざまな起源を持ち、その結果それがつぎに示す二つのまったく異なる機能を併せ持つに至った事実に目を向けさせてくれる。

1. 文の文法構造を明確にする。
2. 音楽の譜面と同じように、リズム、テンポ、ピッチ、調子、気分といった文学上の性質を強調的に示す。

だからこそ、いい大人が編集室の中でコンマを巡って大喧嘩をするわけだ。なぜなら上に挙げた句読法の二つの役割はときに真っ正面から衝突するからだ。特にコンマの場合は常に衝突していると言っていい。1582年に出版されたリチャード・マルカスターの『英語の初歩 第1部』[訳1]（初期の英文法書の一つ）はコンマを「点にしっぽのついたものであり、ものを書く際には文の中の小さな区切りの後に置かれ、読む際はそこで休み息継ぎをするよう教えてくれるもの」と定義している。この後書かれた17、18、19世紀の文法書の多くも、この読み・書きの区別を継承している。ロスとサーバーがアメリカ国歌『星条旗よ永遠なれ』の歌詞をどう表記するかについて分厚い灰皿を手に威し合いを演じていたの

は、400年の長きにわたって存在し人々をいらいらさせ続けていた句読法の二面性の反映だったわけである。文字面では句読法は文法的機能を果たすだけだが、読み手の心の中ではそれを超えた働きをするのだ。読み手に、そのメロディーをどのように口ずさむかを教えてくれるのである。

,

　われわれが黙読などということを始めなかったら事態はずいぶん違っていたろう。初期にはものごとは至って簡単だったのである。そこへ文法が入り込んできてすべてをメチャメチャにしてしまったのだ。知られている最古の句読法――紀元前200年の'ビザンチウムのアリストファーネス'（アレクサンドリアの図書館司書）に帰せられている――は、3種類の点から成る演劇用の記号体系であった（同じ形の点なのだが、上中下3箇所のどこに置かれるかで区別された）。つまりそれは役者に、台詞の長い一区切りと、それほどは長くない一区切りと、比較的短い一区切りに備えて、どれだけ息を吸い込むべきかを教えるためのものだった。たったそれだけの話だったのである。comma（コンマ）という語は、当時は比較的短い一区切りを指す名称だったのだ（この語はギリ

🐼1　Richard Mulcaster（?1530-1611）のこの著は、もっぱら綴り字論を展開しており、英語の綴り字改良の方向は彼の敷いた路線上にあると言ってよい。（文法そのものを論じるはずの第2部はついに出なかった。）

シア語で「切り取られた一片」を意味した)。それだけでなく16世紀にcommaという語が英語に採用されたときでも、この語は文中の一まとまりを成す単語の集まりを意味するものであって、今のわれわれにお馴染みの可愛らしい、オタマジャクシのようなと言おうか、9の字に似た、点にしっぽの生えた記号のことではなかったのである。2,500年もの間、句読法の目的は役者や聖歌詠唱者、写本その他の手書き文書を読み上げる人へのガイド役を務めることだった。つまりどこに休止を置き、意味や音のどの部分にアクセントを置くかを示したもので、文法構造の方は句読法の関わるところではなかったのだ。4世紀に聖書をラテン語訳した聖ヒエロニムスは、宗教文書を「コロンとコンマごとに」(つまり「句ごとに」)区切る句読法を案出した。16世紀の南イタリアで見習い写字生の指導を手がけていたカッシオドロスは、その著『神聖な読み物と世俗の読み物入門』の中で「調整のとれた朗読の中で明瞭な休止を置くこと」を推奨している。ところでハロルド・ピンター[訳1]はこうしたことを良く知っているかしら？　朗読、台詞などの中の休止がこれほど長くかつ重要な歴史を持っていたなどということに誰が思いを至したことだろう？　こうした生真面目な写字生が使った記号のほとんどは、もちろん現代のわれわれには奇妙で滑稽に見える。文書中の小部分の終わりを示す、7の字に似た「ポジテュラ[訳2]」という記号がそうであるし、パラグラフの始まりを示す(パラグラフの最初の文字が1字ないし数字引っ込めて書かれるようになったのはずっと後のことである)、ハング

マン・ゲーム[3]の絞首台にも似た不吉な形の記号もそうである。そしてここで重要なのは「停止の斜線」である。これは現在のソリダス、つまり右上に傾いた斜線（/）に似た形をしていて、最短の休止というか躊躇を表すのに使われた。句読法の初期の歴史に関して認識しておくべき重要なことは、崇敬される文書をひたすら盲従的に筆写していくことに全面的に依拠していた文芸文化にあっては、たかが写字生ごときがたとえこの辺に朗唱の助けとなる記号があるべきだと思ったにせよ、そうした記号を挿入することなどはとてつもなく出過ぎた行為であったという点であろう。句読法の発達は緩慢で慎重なものであった。それは句読法が軽視されていたからではない。その逆に、句読法がきわめて強力な呪術的力を持っていたからである。誤ったところに休止を入れれば、宗教的文書の意味がいちじるしく変わってしまうこともあり得る。たとえば、セシル・ハートリー（Cecil Hartley）が1818年刊行の著『句読法の原則：すなわち点の入れ方の技術』（*Principles of Punctuation: or, The Art of Pointing*）で指摘していることだが、つぎの2文の違いを考えてみるとよい。

Verily, I say unto thee, This day thou shalt be with me in Paradise.

---

[1] Harold Pinter（1930-）イギリスの劇作家、演出家、俳優。

[2] ポジテュラ：𐆐　　　　パラグラフ ₱

[3] ことばゲームの一つ。答えを間違えるたびに絞首台の絵の縄の先に首、胴、等を描き加えていく。

〔まことに、我は汝に告ぐ。今日この日、汝は我とともに楽園に赴くなり。〕

Verily I say unto thee this day, Thou shalt be with me in Paradise.
〔今日この日、我まことのことばを以て汝に告ぐ。汝は我とともに楽園に赴くなり。〕

見るとおり、教示内容の違いがコンマの置き方に掛かっている。最初の方はこの件(くだ)り（ルカ伝23章43節）のプロテスタントによる解釈なのだが、煉獄の苦難は簡単に飛び越してしまって、十字架に架けられた盗賊[注1]を我が主のまします天国へじかに連れてゆく。2番目の方は、楽園に連れて行く日は後日のことであって（いわば、「確認の要あり」というところだ）、カトリック教徒がその存在を信ずる煉獄はちゃんと行程表に残されている。

同じように、欽定訳聖書[注2]は（そしてその延長としてヘンデルの『メサイア』も）イザヤ書40章3節の解釈について誤解を生じさせる。これについてもつぎの2つを比較してほしい。

The voice of him that crieth in the wilderness: Prepare ye the way of the Lord.
〔荒野に叫ぶ者の声あり、汝ら、主の道を拓け。〕

The voice of him that crieth: In the wilderness prepare ye the way of the Lord.
〔叫ぶ者の声あり：汝ら荒野に主の道を拓け。〕

またイザヤ書40章1節にも同様の例がある。

Comfort ye my people.〔皆往きて我が民を慰めよ。〕

Comfort ye, my people.（皆元気を出しなさい。恐ろしいことは起こらないかもしれないのだから。）

　もちろん、ヘブライ語や他の古典語が句読法を取り入れていたら（そしてヘブライ語の場合は母音字がいくつかあったらよかったろう[3]）、2,000年にも亘る聖書註解はそもそも必要なかったろうし、写字に明け暮れてふけだらけになっていた人々も、新鮮な空気を吸う機会がもっとあったはずだ。しかしこうした古典語には句読法がなかったのだから、どうにもしようがない。ラテン語の書法では、かなり長い間にわたって単語と単語のあいだのスペースさえなかった。こんな馬鹿馬鹿しいこと、信じられる？　この無明の闇に包まれた

---

[1] キリストは2人の盗賊とともに十字架にかけられた。
[2] 英国王ジェームズⅠ世の命で翻訳編集され1611年に出版された。
[3] ヘブライ語には母音・子音ともにあるが、文字としては基本的に子音字しかなく、母音は子音字に付けられる補助記号で示され、しかも補助記号は省略されることが多い。

古典時代の文書——大文字ばかりが四角いかたまりをなしている——は、現代の目には単語探しパズルのように写る。つまり20分もかけて問題をじっと眺めたあげく、PAPER-NAPKINという単語が、斜めにそして綴りを逆さにして書かれているのを発見して喜びの叫びを上げる、というあのクイズだ。ところが「余白無し書法」（とそのころ呼ばれた）には当時、擁護者がいたのである。カシアンという5世紀の隠修士だ。彼の論によれば、書かれたことの意味を読みとるのに時間が掛かれば、それは健全な瞑想を行うだけでなく神の栄光を讃える機会を増やすことになると言うのだ。ふうむ、PAPERNAPKINという単語が、シナプス形成の奇蹟のように、突如表面に浮かび上がってきたとたん、神への賞賛に心が躍るということかしら。

　こうした歴史は興味深いと思わない？　まあ少なくとも私には興味深いわ。もっとも、長い期間に亘っている割にはあまり大きな変化は起こらなかったのだけれど。たしかに、9世紀、あの想像力に富んだシャルルマーニュ（前向きな考えを持った神聖ローマ帝国皇帝）の時代にかなりの変化がおこった。彼の許に招かれたヨークの神学者・教育家、アルクィンが、文の最後に置く何種類かの「ポジテュラ」の体系（その中には疑問符（'?'）の先祖の一つ ⸌ も含まれていた）を創案したからである。しかし、実際のところ、その後の500年間の西方世界の句読法はひどく不満足な状態にとどまっていた。ところが、ついにある一人の人物——ヴェニスの素晴らしい印刷術師——がこの問題と正面から取り組み、フォー

ル勝ちを収めた。その男の名を大アルドゥス・マヌティウス（1450–1515）という。正直に言うと、彼の名を初めて知ったのは約1年前のことだったの。今は彼の赤ん坊を授かるよう申し出なかったことがひどく悔やしいわ。

　文字印刷の歴史研究者の間での大アルドゥス・マヌティウスへの英雄的評価はことばでは言い尽くせない。イタリック体を発明したのは誰か？　アルドゥス・マヌティウスだ！　セミコロンを最初に印刷したのは誰か？　アルドゥス・マヌティウスだ！　14世紀、15世紀に印刷術が発展したことは、必然的に句読法の標準的体系確立への緊急な必要性を生み出した。マルコム・パークス（Malcolm Parkes）の『休止と効果』（*Pause and Effect*, 1992）は西方世界における句読法史を権威をもって説いた書で、アルドゥスによるパイオニア的業績の複写例を載せているが、その中にはピエトロ・ベンボ枢機卿（1470–1547）による『エトナについて』（1494）が含まれている。『エトナについて』は非常に優美なローマン体で印刷されているだけでなく、そこにはまさしく最初のセミコロンが使われている（見てごらんなさい、感激するから）。もちろん、今使われている句読法の体系が一夜にして出来たわけではない。しかし現在使われている句読点のかなりの部分な、アルドゥス・マヌティウスとその孫（便利なことに同名である）が作ったものと考えられている。彼らはまず、「停止の斜線」を下へ下げてカーブを付け、現代のコンマの形に似た記号を作った。そして文の終わりにコロンやフルストップをおいた。フルストップで文を終えるのは

現在でも行われているやり方と同じだが、コロンが文の終わりに来ているのは、現代の目からすると落ち着きが悪い。

しかし最も重要なことは、この二人が朗読の補助となる古い記号を使わなくなったことである。本というものは、その頃すでに黙読して理解する対象になっており、調子を付けて朗読するものではなくなっていた。唇を動かすことはもはや避けられるべきことになっていたのである。大アルドゥス・マヌティウスの後を孫の小アルドゥス・マヌティウスが継ぐまでには70年の月日が流れ、事態がすっかり変わっていたので、1566年、小アルドゥス・マヌティウスは、句読法の主目的は文の文法構造を明白にすることであると言明できるようになっていた。時間を掛けて自分のために一生懸命意味を読みとろうとする読み手にとって宗教的価値などというものはもはやどうでもいい。往時の写字生のおどおどした遠慮なども忘れてしまえ。イタリアの印刷術師が果たしてすべての意味を制定するのにふさわしい人かどうかを疑問視する人々はいたはずである。しかしその一方、*イタリック体（斜体字）を発明する能力のあった家系の人に抵抗することはどう見ても無駄だったわけだ。*

さて、こうした過程の中でコンマにはどういうことが起こったのかといえば、16世紀から今日までの間に、コンマは文法上のおっかない牧羊犬となったのである。これから見ていくとおり、コンマは数多くの「切り離し係」としての役目を持っている（句読点の役目は、伝統的に、「切り離し係」か「決着付け係」のいずれかである）。このためコンマとい

う名の牧羊犬はことばという丘を駆け上り駆け下り、単語を集めていくつかの意味のまとまった群れに分け、1つの群れから単語が迷い出て他の群れに入りこまないようにする。つまり群れの周りを走り回って群れが一塊りでいるように管理し、気まぐれな従属節が意味的自由を求めて群れから逃げ出そうという無駄な試みに出れば、ウウッという有無を言わせぬ唸り声を上げて突進し、群れに戻そうとする。コンマという牧羊犬は、落ち着かせるために口笛を吹いてやらない限り、その仕事に抑えきれないほどの情熱を傾けてしまう存在なのである。幸い、20世紀の傾向は（1906年刊行のファウラーによる『標準英語』*The King's English* に始まり）、句読法を次第次第に簡素化しようとするものであり、したがってコンマの数も段々に減っていった。しかしそれ以前の文筆家の文章をどれでもいいから読んでみるとよい。文章を構成する単語が、まるで上手な追い立てに従順に従い、囲いの中に追い込まれて、我らが牧羊犬コンマに柵の入口をピシャッと閉められてしまった羊の群れに見えてしようがない。

> Jones flung himself at his benefactor's feet, and taking eagerly hold of his hand, assured him, his goodness to him, both now, and at all other times, had so infinitely exceeded not only his merit, but his hopes, that no words could express his sense of it.
>
> Henry Fielding, *Tom Jones*, 1794

〔ジョウンズは恩人の足許に身を投げ出し、熱をこめてその手を握り、貴方の私に対する厚意は、今も、そして他のいかなる時にも、私の徳の至らなさだけでなく、私の願望をも、限りなく超越しているため、どんなことばを用いてても、その意を尽くすことはできませんと、力を込めて言った。

　　　　ヘンリー・フィールディング『トム・ジョウンズ』〕

It needed a quick eye to detect, from among the huddled mass of sleepers, the form of any given individual. As they lay closely packed together, covered, for warmth's sake, with their patched and ragged clothes, little could be distinguished but the sharp outlines of pale faces, over which sombre light shed the same dull, heavy colour, with here and there a gaunt arm thrust forth, its thinness hidden by no covering, but fully exposed to view, in all its shrunken ugliness.

　　　　　　Charles Dickens, *Nicholas Nickleby*, 1839

〔大勢寄り集まって眠っている人々の中から、どんな個人の姿形を見分けるにも、鋭敏な眼が必要だった。皆が固まり合って、寒さ除けに、つぎはぎだらけのボロボロな衣服をまとって寝ていたので、蒼白い顔の角張った輪郭以外には、見分けはほとんどつかなかった。顔の上には、それと同じように蒼白く、ぼんやりして沈んだ色の灯りが、薄暗

く当たっているだけだった。ところどころに痩せこけた腕が突き出されていて、その細さを覆う衣とてなく、むき出しのまま縮んだ醜さをさらしていた。

チャールズ・ディケンズ『ニコラス・ニクルビー』)

コンマがからんでくると、感情が高ぶってくるのも不思議ではない。文の明晰さを高めようとしているときは、ほとんどの場合、コンマを1つ挿入すべきだという議論が起こるし、またほとんどの場合このコンマは余計だという議論も起こる。一方で名文家たちは、コンマ使用の規則との駆け引きを演じてきた。オスカー・ワイルド（Oscar Wilde, 1854-1900）が、すでに出来上がった詩を対象に、まる1日かけて根拠薄弱なコンマを加えたりしていたのは有名であるし、ガートルード・スタイン（Gertrude Stein, 1874-1946）は、コンマを「奴隷のような」と呼び、それとは一切関わろうとはしなかった。ピーター・ケアリー（Peter Carey 1943 -）は、コンマを1つも使っていない本（『ケリーとその相棒との実話』 *True History of the Kelly Gang*）で賢明にも2001年にブッカー賞を受けた。また、インターネットで、あの腕白親父のジョン・アプダイク（John Updike, 1932-）を本気で批判している書き込みを見たことがある。その趣旨は、アプダイクが独りよがりの目的からコンマの使用法をねじ曲げ、「文の切れ端や、重ね継ぎのコンマや、コンマ無しの等位接続節や、コンマ付きの省略された等位接続節、その他諸々の用法を使っている」というのである。どうもこの非

難に対しては、われわれのように「コンマ付きの省略された等位接続節」なるものがどういう姿をしているのかさっぱり判らない者としては、困惑の舌打ちをする以外に反応のしようがない。

　一方で、法曹界の人はコンマをできるだけ避けようとする。コンマはトラブルの元になると考えているからである。また人々は公共の場でのコンマ使用衰退に慣れてしまっているので、No dogs please.☞1という掲示を読んでも、「どんな犬も人をよろこばさない」というのは正当化できない一般化であって、実際には多くの犬が人をよろこばせるではないか、それどころか犬は人をよろこばすことを主たるポイント☞2にしているのだ、などということを指摘するのは1,000人に1人である。

,

　「コンマの使用法は規則によって学ぶことは不可能である」。これがかの偉大なるサー・アーネスト・ガワーズ（Sir Ernest Gowers, 1880-1960）の意見であった。これがあのガワーズ自身のことばとあっては、私としても慰めと言わざるをえない。とは言いながら、コンマに関する規則は確かにあるのであって、そのいくつかを吟味してみるのも悪くはなかろう。コンマの持つ可笑しみは、それが惹き起こし得る意味的大破滅にある。破滅はコンマが誤って挿入されたときも起こるし（What is this thing called, love?☞3）、うっかり

落とされた場合にも起こる（He shot himself as a child.[※4]）。ニューイングランドでシェイクスピア劇朗読グループを主宰している私の友人は、こういう楽しい話をしてくれた。『マクベス』のダンカン王を演じた男が、第Ⅰ幕で戦いの様子を物語る負傷した兵士のことばに適切な哀れみと関心を以て耳を傾けた後、陽気にこう叫んだという「Go get him, surgeons!〔軍医たち、早くこの男を片付けてしまえ！〕」。（本当は「Go, get him surgeons.〔早くこの男を軍医に診させよ！〕」なのだが。）

　こうした楽しい傑作にはやがてお目に掛かる。しかし、今のところは真剣な話である。鉛筆を尖らせて、気に入りの眠気覚まし飲料を並べ、眉間にしわを寄せてこれから言うことに集中してほしい。

※1　No dogs, please. なら「犬を連れ込まないでください」の意味であることが明瞭だが、コンマがないと「どんな犬も人を喜ばさない」の意味にも取れてしまう。

※2　point（≒句読点）に掛けた洒落。

※3　コンマがなく What is this thing called love? なら「この"愛"と呼ばれるものは一体何なのだろう？」の意だが、例文のとおりだと「ねえ、お前、ここの部分は何て呼ばれるの？」になってしまう。

※4　このままの意味は「彼は子供の時自分を銃で撃った。」だが、意図されているのは、He shot, himself, as a child.〔彼は子供の時から自分で銃を撃った。〕である。

1. 列挙用のコンマ

これは多分コンマについて最初に習うことがらだろう。コンマは列挙される項目の切れ目として使われる。ただし最後の項目の前に来る and の前にはコンマは要らない。

> The four refreshing fruit flavours of Opal Fruits are orange, lemon, strawberry and lime.
> 〔オパール・フルーツの4つの爽やかな香りは、オレンジ、レモン、いちご、そしてライムです。〕

> I had a marvellous time eating in tavernas, swimming in the turquoise water, getting sloshed on restina and not sending postcards.
> 〔私はギリシア料理店で食事をし、碧青色の水の中を泳ぎ、香りのよいギリシア・ワイン、レチナをがぶ飲みし、そして絵葉書は出さない、という素晴らしい時を過ごした。〕

> The colours of the Union Jack are red, white and blue.
> 〔ユニオン・ジャックの色は赤、白、そして青である。〕

コンマのこの用法に関する規則は、「そのコンマの代わりに and か or を使っても文が成立するならば、正しい用法だ」である。たとえば、I had a marvellous time eating in tavernas *and* swimming in the turquoise water *and* getting sloshed on retsina and not sending postcards.は成立する。この文はスッキリしていない（おまけにレチナに酔っぱらったような感じを与える）が、それにもかかわらず文法的であることに変わりはない。コンマを and に変えたいわば文法的代償である。ところで、製菓会社が Opal Fruits を Starburst に改名してしまったのは英語にとって大いなる損失であった。[1]

　読者に警告！　上に示した、綺麗な泡の立ちのぼる浅瀬に棹さしているようなコンマ用法さえ知っていれば安心、とお考えならそれは思い違いよ。ほら、あのコンマ型のサメの背びれが波を不気味に突っ切ってこちらに近づいてくるのが見えるでしょ？　チェロをスタッカートで弾いているような音が聞こえるでしょ？　さあ、手を振って大声で助けを呼びなさい。あれこそオクスフォード式コンマ（別名連続コンマ）なのよ。オクスフォード式コンマは、その高級感のある「象牙の塔」式あだ名とは裏腹に、大変危険な存在なんだから。オクスフォード式コンマは、これを受け入れる人と受け入れない人がいる。私に言えるのはただ一言、「お酒の席ではこの両陣営の仲裁なんか試みない方がいいわよ」だけだ。やれやれ、オクスフォード式コンマか。これが何であるかをまだ知らない人のためにハロルド・ロスが信奉する不滅の例を挙

---

[1]　中身は同一なのだがイギリス国外で一般に親しまれていた Starburst という名に 1998 年改称。旧名へのノスタルジアを大げさに語っている。

げておこう。The flag is red, white, and blue.である。

　これについて読者はどうお思いか？（'これ'と言うのはwhiteの後のコンマである。）賛成？　反対？　それともその中間をうろついてる？　イギリスではオクスフォード式コンマを使わないのが標準的だが、なかには使う向きもあり、その中には、面白いことに*Fowler's Modern English Usage*も含まれている。アメリカではその逆に使う方が標準的なのだが、中には使わないことを信条とする人々（ことにジャーナリスト）がいる。イギリスの文法家は一定の譲歩をして、ある場合には混乱を防ぐために余分なコンマが必要なこともあるというのが普通だ。たとえば、別のandが近くにあるときだ。

> I went to the chemist, Marks & Spencer, and NatWest.
> 〔私は薬局と、マークス・アンド・スペンサー〈百貨店の一つ〉と、ナショナル・ウェストミンスター銀行に行った。〕
>
> I went to NatWest, the chemist, and Marks & Spencer.

　でもよく考えれば、これは十分な譲歩とはいえない。私自身の考えでは、オクスフォード式コンマにあまり厳格であってはならないと思う。時にはオクスフォード式コンマを使うことにより文がより明確になることもあり、そうでないこと

もある。たとえば、序章（10ページ）で、句読点をことばの交通標識に喩え...they tell us to slow down, notice this, take a detour, and stop.〔この標識によってわれわれはスピードを落としたり、何かに注意を払ったり、迂回したり、停止したりする指示を受ける〕と書いた。そう、この書き方をすることにより私はオクスフォード式コンマを擁護していたことになる。ここでは4つの指示を述べようとしていたわけだが、最後の、つまり detour の後のコンマがないと3つの指示になってしまう（つまり detour and stop が一まとまりの指示に見えてしまう）と思ったからだ。これはオクスフォード式コンマを使用する文体的理由が、それを排除しようとする文法的理由を寄り切った例だと言える。つまり上の文は減速用の文体を持っていたわけで、コンマがブレーキを踏む力を増加させるわけだ。detour のあとのコンマを除去してしまうと、この文は次第に速度を下げて停止するのではなく、急にスピードを上げて惰性走行をしてしまう。

　次の項目に進む前に、枚挙を示すコンマについて付け加えておくべきことがある。形容詞を枚挙するときも、規則は同じである。and を使っても文意が変わらないところにはコンマが使える。and でつなげられるということは、それらの形容詞が同一の名詞を同程度に修飾している場合である。

　It was a dark, stormy night.
　〔暗く、風の強い夜のことだった。〕
　(The night was dark and stormy.

〔その夜は暗くて風が強かった。〕〕

He was a tall, bearded man.
〔彼は背が高く、ひげを生やした男だった。〕
(The man was tall and bearded.
〔その男は背が高くひげを生やしていた。〕)

しかしつぎの場合はコンマを使ってはいけない。

It was an endangered white rhino.
〔それは絶滅が危惧されている白サイだった。〕

Australian red wines are better than Australian white ones.
〔オーストラリア産赤ワインはオーストラリア産白ワインよりも質が良い。〕

The grand old Duke of York had ten thousand men.
〔威厳あるヨーク老公爵は1万の兵を擁していた。〕

その理由は、これらの形容詞は楽しくコンビを組んで使われている[訳1]のであって、枚挙されているのではないからだ。例文のサイは「絶滅が危惧され、かつ白い」わけではなく、ワインは「オーストラリア産で、かつ赤い」わけではない。

2. 結合用のコンマ

　コンマは2つの完全な文を、and、or、but、while〔その一方で〕、yet〔ところが〕などの接続詞を用いて結合するときに用いられる。

> The boys wanted to stay up until midnight, but they grew tired and fell asleep.
> 〔男の子たちは真夜中まで起きていたかったのだが、疲れて寝入ってしまった。〕

> I thought I had the biggest bag of Opal Fruits, yet Cathy proved me wrong.
> 〔あたしのオパール・フルーツの箱が一番大きいと思っていたのだけど、キャシーのを見て間違いだってことがわかった。〕

そんなことはとっくに知ってる、というのだったらご免なさい。しかし結合用コンマは二つの方面から厄介ごとに見舞われている。まず、名文家たちがわざと接続詞を省略して、本来セミコロンが必要なところにただのコンマを付けている

🐼1　誤解を呼びそうな表現。たとえば、「endangered は [white rhino] という1つにまとまった表現を修飾しているから」と考えればより判りやすい。これに対し dark, stormy night では dark と stormy がいわば同等の資格で直接に night を修飾している。

(これがアプダイク批判の理由となっていた「重ね継ぎのコンマ」である）ことが挙げられる。もう一つは、接続詞でないもので文が結合される場合のあることだ。重ね継ぎのコンマから始めよう。

It was the Queen's birthday on Saturday, she got a lot of presents.
〔土曜は女王誕生日で、女王はたくさんの贈り物を受けた。〕

Jim woke up in an unfamiliar bed, he felt lousy.
〔ジムはそれまで寝たことのないベッドで目を覚まし、嫌な気持がした。〕

何人もの声価の高い文筆家が重ね継ぎのコンマを使うものだから、これについて、「あなたが有名人な場合に限り重ね継ぎのコンマを使いなさい」という不公平な規則が出来上がってしまった。サミュエル・ベケット（Samuel Beckett, 1906-1989）は『モロイ』*Molloy*（英訳1955年）、『マウロンは死ぬ』*Malone Dies*（英訳1956年）などの小説で、セミコロンなどには洟もひっかけずに重ね継ぎのコンマだけで平気で文を綴っていった。There I am then, he leaves me, he's in a hurry.〔私の立場はこうだ、彼は私の許を去っていく、彼は忙しいのだ。〕といった具合である。だがベケットは天才だっただけではない。その必要がないときでも作品をフランス語で書いた作家だし、それが望みだったのなら、非文法的書き方

をする権利を自分で獲得したのだという点を認めるのにわれわれはやぶさかではない。それに、ベケットが例外というわけではないのだ。E. M.フォースター（E. M. Forster, 1879-1970）がそうだったし、サマセット・モーム（Somerset Maugham, 1874-1965）もそうだった。枚挙にいとまがない。評価の定まった文筆家が、知っていて使った場合は重ね継ぎのコンマは効果的であり、詩的であり、格好が良い。同じように知りながらではあっても、活字になるようなものを書かない人が使った場合は、だらしなく見えるか生意気に見えるかのどちらかだ。無知な人が無知ゆえにこれを使えば、ひどいと言われるだけだ。

　ところで、2つの文をコンマで結合させるときに使ってはならない単語は however と nevertheless である。たとえば It was the Queen's birthday on Saturday, nevertheless, she had no post whatever. とか Jim woke up in his own bed, however, he felt great. のような書き方は駄目である。このような場合は、たとえば Saturday で一旦文を終えて、Nevertheless で新しい文を始めるか、あるいはあまり好まれないセミコロンを使うことが要請される。

It was the Queen's birthday on Saturday; nevertheless, she had no post wharever.
〔土曜は女王誕生日だった、にもかかわらず、女王にはどんな郵便も来なかった。〕

Jim woke up in his own bed; however, he felt great.
〔ジョンは自分のベッドで目を覚ました、しかし気分は上々だった。〕

3. 空白を埋めるコンマ

 もう半分方終わったかしら？　そう思いたいけど、まだのような気がする。ともかく、この使用法は簡単である。単語が省略されていることをコンマで巧妙に暗示するのだ。

Annie had dark hair; Sally, fair.[訳1]
〔アニーは暗色の髪でサリーは金髪だった。〕

このコンマの用法は近頃あまりお目に掛からないみたい。[訳2]
なぜかしら？

4. 直接話法（直接引用）の前のコンマ

 この用法は廃れていきそうだ。多くの文筆家がコロンを使う方を好むからだ。コンマもコロンも置かずにいきなり引用符（" "）を続ける文筆家もいる。引用符というのは、これから直接引用が始まるよという、ほぼ紛れもない記号だからだ。個人的なことを言えば、私はこの3つの用法をまぜこぜに使っているような気がする。しかしこの用法は、純粋な息継ぎのための休止という、コンマが昔から持っている機能

なので、この用法が姿を消してゆくのを見るのは残念である。

> The Queen said, "Doesn't anyone know it's my birthday?"
> 〔女王は言った、「今日が私の誕生日だということを知っている人はいないの？」〕

5. 間投詞を目立たせるコンマ

> <u>Blimey</u>, what would we do without it?
> 〔冗談じゃない。それ無しで俺たちはどうすりゃいいんだ。〕

> <u>Stop</u>, or I'll scream.🐼3
> 〔やめなさい。さもないと大声を出すわよ。〕

🐼1 この場合のコンマは、had の省略を示しているわけである。厳密に言えばこの分の後半には hair も略されているわけだが、これはコンマで代用できない。これは文法では「空所化」と言われる現象であり、動詞が省略されたときのみコンマが（用いられるとすれば）用いられる。🐼2 参照。

🐼2 John ordered a steak, Mary fish and chips, and Jane a kidney pie. 〔ジョンはステーキを、メアリはフィッシュ＆チップスを、ジェインはキドニー・パイを注文した〕では、Mary、Jane の後に ordered が省略されているわけだが、たしかにこの部分にコンマが使われる例は現今ではあまり見ない。

🐼3 stop を間投詞と呼ぶのは珍しいが、たしかに一理はある。

6. 対で使われるコンマ

　このあたりからコンマの用法には慎重さが必要となってくる。文中の句や節を前後から離して括り出す1対のコンマに関する最初の規則は、これによって読み手が文中に「弱い中断」——あるいは「追加の情報」——があることに気付かされるという点である。この1対のコンマは、読み手がいわば優美な2本足のフォークを使って文中の一部をきれいに持ち上げ、なおかつ文全体には何ら明白な害を及ぼさないことを可能にする。例を挙げよう。

John Keats, who never did any harm to anyone, is often invoked by grammarians.
〔ジョン・キーツは、誰に対しても何の危害も加えたことはなかったのに、文法家にしばしば引き合いに出される。〕

I am, of course, going steadily nuts.
〔私は、もちろん、確実に熱中の度が増している。〕

Nicholas Nickleby, published in 1839, uses a great many commas.
〔『ニコラス・ニクルビー』は、1839年刊行だが、非常に多くのコンマを使っている。〕

The Queen, who has double the number of birthdays

of most people, celebrated yet another birthday.
〔女王はたいていの人の2倍の数の誕生日がある🐼1ので、今年ももう1回の誕生祝いを迎える。〕

　これらの場合にはコンマで挟まれた部分を削除してしまっても、文意の興味はたしかに減少するが、文法的には何の欠陥もない文が残る。

　ところで、文中の一部を括り出す他の手段（丸ガッコやダッシュや引用符）の場合と同じように、括り出し用コンマにも頭脳への虐待行為がからんでいる。対のうち最初のコンマを使いながら、後のコンマを使わずに済ませてしまう場合だ。読み手は、靴音が1つ聞こえたので第2歩が聞こえるはずだと思いつつ、緊張と苦悶で待ち続けることになる。演劇に喩えれば、第Ⅰ幕でマントルピースの上に拳銃を置いておきながら、幕間のあいだに舞台裏で女主人公を浴槽で静かに溺死させてしまうようなものだ。これは断然フェアプレーの精神に反する。The Highland Terrier is the cutest, and perhaps the best of all dog species.〔ハイランドテリアは、あらゆる種類の犬の中で、一番可愛らしく、そして恐らく最良の犬である。🐼2〕という例を取り上げよう。第2のコンマ（best

---

🐼1　イギリス女王（国王）には、実際の誕生日の他に公式誕生日（現在は6月の第2土曜日）があり、この日には近衛諸連隊による連隊旗分列行進式などの華美な祝賀行事が催される。

🐼2　これが意図された意味だが、「第2のコンマ」がないため、「ハイランドテリアは（あらゆる存在の中で）最も可愛らしい存在で、かつ、あらゆる種類の犬の中で最良である」の意になってしまう。

のあと）を期待する素養のある鋭敏な人々は、このような例に出会うとハシゴを外されたような気持に陥る。「騙された」という感じのためにめまいが起こり、悪くすると卒倒してしまうのだ。

　ただ、2つのコンマで括ることが、良くない結果をもたらすことも時折ある。なぜだろう？　ある人が『テレグラフ』紙へ投書してきて、新聞の記事でよく見かける文法違反について文句を言ってきた。この人の挙げた例は、The leading stage director, Nicholas Hytner, has been appointed to the Royal National Theatre.〔一流の舞台監督、ニコラス・ヒットナー、がイギリス国立劇場の監督に任命された〕であった。投書者の質問は、こういう場合にはコンマは使われるべきではないのではないか、というものだった。そう、まったくその通りだ。第1に、Nicholas Hytner という名前をこの文から削除してしまうと、この文の情報量はゼロに近くなってしまう。だがこれに関連して、もっと大きな文法的問題が実はあるのだ。つぎの2文を比較してほしい。

　The people in the queue who managed to get tickets were very satisfied.
　〔列に並んで切符を手に入れた人々は大いに満足した。〕

　The people in the queue, who managed to get tickets, were very satisfied.
　〔列に並んだ人々は、切符が手に入ったので大いに満足し

た。〕

最初の例にはコンマがないので、読み手は列に並んだ人のすべてが運良く切符を手に入れたのではないと推測する。切符が手に入らなかった人々もいたわけだ。(手に入れた人たちは、もちろん大喜びだった。) 第2の例では、列に並んだ人はみな切符を手に入れられたわけで万々歳だ。あとはその切符を使って見に行った芝居なり競技なりが満足の行くものであったことを祈るばかり。この違いは、コンマで括り出された部分が「制限的」であるか否かに掛かっている。それが「制限的」ならコンマで括ることはない。[1]

The Highland Terriers that live in our street aren't cute at all.
〔われわれの住んでいる通りにいるハイランド・テリアは少しも可愛らしくない〕

その語句の伝えている情報が「非制限的」なら、コンマが必要になる。

---

[1] 日本語にも「制限的・非制限的」の区別がある。
（i）モンゴルから来た力士は稽古熱心である。
（ii）モンゴル出身で初の横綱となった朝青龍は…
（i）の下線部は全力士中から「モンゴル出身者」をいわば選りだして範囲を示しているのだから「制限的」であるが、（ii）の下線部は「朝青龍」に同義語的な形容を与えているだけで複数の「朝青龍」から1人を選りだしているわけではないので「非制限的」である。

それで十分だよ、コンマ君

> The Highland Terriers, when they are barking, are a nightmare.
> 〔ハイランド・テリアも、吠えているときは、迷惑千万だ。〕

さて、面白い事実がある。文を一時的に中断する部分が、文の先頭か末尾にあるときでも、対を成すコンマの使用法は依然として適用されるのだ。対のうち片方しか目には見えないのではあるけれども。だから、

> Of course, there weren't enough tickets to go round.
> 〔もちろん、需要を満たすに足りる枚数の切符はなかった。〕

は、文法的観点から見れば、

> There weren't, of course, enough tickets to go round.
> 〔需要を満たすのに足りる枚数の切符は、もちろん、なかった。〕

と同じであり、また、つぎも同様である。

> There weren't enough tickets to go round, of course.
> 〔需要を満たすのに足りる枚数の切符は無かった、もちろん。〕

このごろは、多くの場合、いわゆる弱い中断を示すための括

り出しコンマの使用は随意的になりつつある。正直のところ、この傾向には拍手を送りたい。ただ私が原稿整理編集係と衝突するのは、つぎのような文を扱う場合である。

> Belinda opened the trap door, and after listening for a minute she closed it again.
> 〔ベリンダは引き戸を開け、しばらく耳を澄ました後にまた戸を閉めた。〕

これは実のところちゃんとした文である。確かにあまり優美ではない。だがコンマをちゃんと文法的に使っている。and の前に「結合用の」コンマを使っているからだ。ところが整理編集係はこのような文を見ると真っ赤になって怒り、たちまちつぎのような文（and の前のコンマを after の前に移し、minute の前に新しいコンマを置いたもの）に変えてしまう。

> Belinda opend the trap door and, after listening for a minute, closed it again.

これは、コンマが本来持っている2つの使用法が衝突を起こしている事例だと私は考える。問題が生ずるのは、文筆家と整理編集者の双方が「1つの原稿には2つの使用法の片方だけを選ぶべきだ」とするご立派な本能を持っているからなのだ。世紀をさかのぼれば——少し前にフィールディングと

ディケンズの例で見たとおり——コンマの数多い使用法のすべてが順守され、つぎのような形になるはずである。

> Belinda opened the trap door, and, after listening for a minute, she closed it again.

このごろの流行は、文法に関する気むずかしい厳密さを避ける方向に向かっている。コンマの散りばめられた一節——それは往時であれば編集者の苦辛と権威を賭けた努力の結晶とみなされたものなのだが——は、今や根性・気骨の味が一切しないものと見られて、コンマをやたらに使う人々は、生気がなく、時代遅れの参考書だけを頼りにしている精神的弱虫としての馬脚をあらわしている連中だということにされてしまう。『ニューヨーカー』誌に話を戻せば、サーバーは「グリスンの逸話」という話を残している。これは石けんのセールスマンが、ニュー・ジャージー州の訪問先で宣伝文句を述べ立てている最中にその家のポーチ（張り出し玄関）にグリスン（イタチに似た南米産の肉食獣）がいることに遅蒔きながら気が付いた、という話である。サーバーはロスにこの話の１語なりとも変更するなと強く要求したとのことだが、サーバーはもめ事が起こることを求めていたのに違いない。セールスマンはつぎのように言う。It preserves the fine texture of the most delicate skin and lends a lasting and radiant rosiness to the complexion my God what is that thing?〔この石けんは最もデリケートなお肌の細かい肌理(きめ)をお守

りし、お顔色に長持ちのする光り輝くバラ色を与えわっびっくりした何だありやあ！〕ロスは言うまでもなく my God の後にコンマを入れた。到底我慢ができなかったのである。

'

　コンマに関する規則の最後にして最大のものは、文法家の書いた本には決して載っていないものである。しかし覚えるのはごく易しい。その規則とは「コンマを愚か者のように使ってはいけない」というものだ。本気で言ってるのですよ。ほかのどんな句読記号にも増して、コンマは書き手に知的な慎重さを用い、曖昧さが生じる危険性に特に注意することを要求するものだからだ。コンマの誤用の結果生じる妙な例を挙げよう。

1. Leonora walked on her head, a little higher than usual.
〔レオノーラは頭で歩いた。いつもより少し高めに。〕

2. The driver managed to escape from the vehicle before it sank and swam to the river-bank.
〔運転者は車が沈んで川岸に泳ぎ着く前に何とか車から脱出した。〕

3. Don't guess, use a timer or a watch.

〔推測をしたり、タイマーや時計を使うのはやめなさい。〕

4. The convict said the judge is mad.
〔服役囚は判事は頭がおかしいと言った。〕

　第1例では、もちろん、コンマの位置は誤っており、on の後に移されねばならない（こうすれば、「レオノーラは、いつもより頭を高くあげて歩きつづけた」の意味になる）。第2例からは、川岸に泳ぎ着いたのは運転者ではなく車であるという意味が感じられてしまう。コンマは sank の後になければならない。第3例は興味深い。意図された意味と逆のことが伝わってしまうからだ。この文が言っているように見えることは、「推測をしたり、タイマーや時計を使うことをやめよ」だが、実際には推測をすることだけを禁じているのだ。だから guess の後にコンマではなくセミコロンが必要である。あるいはフルストップでもいい。第4例はこのままでももちろん意味をなす。ただしそれは意図された意味が「この服役囚は頭がおかしい、と判事は言った」ではない場合に限るが。▽1

　コンマの特に愚かな使い方がこのごろ蔓延してきているので、ここで触れておく必要がある。1つは1970年代後半の『ニュー・ステイツマン』誌のコラム「こうした英語」の中に「フーリガンのコンマ」という名を付けられ、記念すべき形で記述されていたものである。その記事に曰く、「フーリガンのコンマには、もちろん何の文法的価値はない。それは

筆力のない書き手が枯渇した思考を何とか整理しようとしてぼーっとしてしまった結果呑み込む息に対応するものだ」。『ニュー・ステイツマン』が引用している例には次が含まれており、これは『ガーディアン』紙から採ったものである。

> The society[2] decided not to prosecute the owners of the Windsor Safari Park, where animals, have allegedly been fed live to snakes and lions, on legal advice.
> 〔協会はウィンザー・サファリ・パークの所有者を告訴しないことに決めた。伝えられるところでは、同パークは法律家の助言に基づいて動物を生きたままヘビやライオンの餌として与えてきたとされる。〕

---

[1] このパラグラフに示された改訂を施せば、1〜4の表記および意味はつぎのようになる
 1′ Leonora walked on, her head a little higher than usual.〔レオノーラは、いつもより頭を高く上げて歩き続けた。〕
 2′ The driver managed to escape from the vehicle before it sank, and swam to the river-bank.〔運転者は車が沈む前に何とか車から脱出し、川岸へ泳ぎ着いた。〕
 3′ Don't guess: use a timer or a watch./Don't guess. Use a timer or a watch.〔推測はやめて、タイマーか時計を使いなさい。〕
 4′ The convict, said the judge, is mad.〔その服役囚は、と判事は言った、頭がおかしい。〕
[2] おそらく The Fauna and Flora Preservation Society（動植物保護協会）であろう。

🐾 それで十分だよ、コンマ君　119

animals のあとのコンマは非文法的で余分であるだけでなく、文の最後の部分（on legal advice）を完全な意味的混沌に陥れている。[訳1] その一方、Parents, are being urged to take advantage of a scheme designed to prevent children getting lost in supermarkets.〔親たちは、子供がスーパーマーケットでいなくなってしまうのを防ぐよう考案された計画を利用するよう要請されている〕とか、What was different back then, was if you disagreed with the wrong group, you could end up with no head![訳2]〔その頃が今と違う点は、当時悪い集団と意見が異なると、最後には首を斬られてしまったということだ！〕といった愚かしい文は明瞭に増加しているのだ。

これよりもっと止めにくいのは、アメリカ流の電報文風な新聞の見出しだろう。見出しではコンマが and の代役を務める傾向が日増しに増えている。

UK study spurns al-Qaeda, Iraq link
〔英国の調査　アルカーイダとイラクの連携を否認〕

Mother, three sons die in farm fire
〔農園の火事で母と 3 人の息子死亡〕

,

　と、まあこのあたりでコンマの話は大体終わりである。法曹界が昔からコンマを完全に避けていたというのは正しくないが、法律関係者が伝統的にコンマ使用に関して用心深かったのには合理的理由があることが最近よく判ってきた。たとえば、ときどき聞く話だが、サー・ロジャー・ケイスメント（Sir Roger Casement, 1864-1916）というアイルランドの自称反乱分子は「コンマで絞首刑になった」というのである。この話を聞くと、大層興味深いことも確かだが、ずいぶん粗削りな法の執行だと思わずにはいられない。正確なところ、どうすればコンマで絞首刑を行えるのかな？　コンマの形からして、ロープが滑って外れてしまうのじゃないかしら？　まあ、くわしく言えば、ケイスメントは1916年にド

🐼1　on legal advice が decided の直後にあれば、「法律家の助言に基づいて決定した」の意味になり、それがこの例文執筆者の意図だったようにも思われる。しかし文の最後に来ているため、on legal advice が「ヘビやライオンに生き餌を与えていた」根拠のようにも取れ、一方コンマがあるためにそうでもないようにとれる。

🐼2　これらの文を口頭で言う場合には、第1文の Parents のあと、第2文の then のあとに休止を置くことが少なくない。この事実がこれらのコンマを呼び込んだものと想定されるが、文の不可欠要素である主語の Parents や What was different back then が、114ページの Of course, there were not enough tickets to go round. の of course と同じように文から「括り出される」のは不当であるというのが著者の意見であろう。

イツの潜水艦に送って貰いアイルランドに帰ってきた。すぐに逮捕され、1351年制定の大逆罪法に基づいて起訴された。そこでケイスメントの弁護人は句読法に関して争う方針を採った。句読法はもちろん悪漢の最後の拠り所なわけだが、でもそれは構わない。この男を非難するわけにはいかない。やってみる価値があると思えたのだろう。彼の主張は、大逆罪法はノルマン・フランス語〔ノルマン征服以降300年に亘りイギリスの公用語として用いられたフランス語方言〕で書かれていただけでなく、句読点がないため、さまざまな解釈を許す、という点だった。問題になった箇所を文字通りに英訳すると次のようになる。

> If a man be adherent to the king's enemies in his realm giving to them aid and comfort in the realm or elsewhere...
> 〔国王の敵に国王の領土内において加担し敵に援助や慰安を国王の領土ないしは他の箇所で与えたる者は…〕

ケイスメント弁護団の主張はこうだった。ケイスメントは国王の敵に「国王の領土で」加担したのではない（それどころか、逆に、ケイスメントはすべての反逆計画を用心深く国外で行ったのである）から、彼は有罪ではない。だが、私は保証する。上の条文を何時間掛けていくら目を凝らして読んでも、弁護団の悲愴な主張には何の効能も認められない、と。ケイスメントは、「ないしは他の箇所で」という語句に

照らして——どういう句読法を用いようとも——明らかに有罪なのである。しかし2人の判事がともかくもロンドンにある公立記録保管所へとぽとぽと足を運び、大逆罪法の原典を調査した。顕微鏡を使って調べた結果、2つ目の「領土」の後にかすかな、しかし検察側に有利となる斜線が発見されたのである。このことがどうやらすべてを解決したらしい（なぜかは訊かないで頂戴）。ダーリング裁判長は、「敵に援助や慰安を与える」という語句は「敵に加担する」の同格語句であり後者は前者を定義的に説明したものであるという裁定を下したのだ。

> この語句は"加担する"の意味を説明するものであり、我々の考えでは、国王の敵に"他の箇所で"加担したのであっても、その者は国王の敵に加担したことに変わりはない。よってある者が国王の敵に加担したのであれば、その者はエドワードⅢ世の法令によって定義される反逆罪を犯したことになる。

それにしても、この話がなぜ「コンマによって絞首刑になった」というセンセーショナルな名を付けられるに至ったかは興味あることがらだ。「コンマで罪を逃れようとした」という名の方が真実により近いように思うのだが。

コンマが惹き起こす論争は、ケイスメントの場合ほど大騒ぎにはならないものの、今日でもしばしば生じている。1991年4月、死の床にあったグレアム・グリーンは、ジョ

ージタウン大学に保管されている彼の文書を閲覧することを制限するタイプ書きの文書を訂正し、それに署名した。あれ、でも制限したことになるのかなあ？　ともかく、訂正前の文言は次のようなものだった。

I, Graham Greene, grant permission to Norman Sherry, my authorised biographer, excluding any other to quote from my copyright material published or unpublished.
〔私ことグレアム・グリーンは、私が私の伝記作者として認可しているノーマン・シェリーに、他のいかなる人物をも排除して、刊行・未刊行を問わず私が版権を持つ文書から引用する許可を与える。〕

　生涯を通じて原稿を直してきた人物だから、グリーンは excluding any other〔他のいかなる人物をも排除して〕の後に自動的にコンマを入れ、どういう意図でそこにコンマを入れたかを説明することなしに翌日亡くなった。これによって大いなる二義性が生じることとなった。シェリー以外のすべての研究者がグリーンの文書から引用することを禁じられたのだろうか？　それとも他の伝記作者だけなのだろうか？　ジョージタウンの図書館司書は、この文章はノーマン・シェリー以外には誰もグリーンの文書を参照することはできないという意味だと解釈している。一方、他の人々は、グリーンの子息を含めて、問題のコンマはシェリーがグリーンの認可

する唯一の伝記作者であることを示すためにのみ挿入されたのだと主張する。ところで、ここでつぎの点を指摘しておくことには意義があると思う。第1には、法律用の英語は、すべてのことを書き表そうという大それた努力が災いして、結局のところグリーンの遺言のように色々な解釈を許す文言を作りだしてしまっている、ということであり、第2には、もしグリーンが Let Norman Sherry see the stuff and no one else.〔ノーマン・シェリーに文書閲覧を許し、他の誰にも許してはならない〕か、Don't let other biographers quote from it, but otherwise all are welcome.〔シェリー以外の伝記作家には文書からの引用を許してはならないが、引用することなしに閲覧をするならどなたも歓迎である〕かのどちらかの書き方をするのを許されたのであったら、このような馬鹿馬鹿しい言い争いは起こらなかっただろうということである。

お上品ぶり

　14歳ぐらいのころ、学校友だちの1人が夏休みをミシガン州で過ごし、私にアメリカ人のペンフレンドを作ってくれた。これにまつわる話は、今思い出してもあまり自慢できるエピソードではない。それどころかいつの日か忘れることができたらとさえ思っている。私が出した手紙は3ページ程度のもので、これを集めて学問的参考文献や脚注を付けた本の形にしようという提案は、オクスフォード大学出版局からも今のところ来ていない。でも打ち明けてさっぱりした気分になりたいのでここでお話しすることにする。困ったことにケリー＝アンというそのペンフレンドは、ごく平凡な、文章に関する気取りなどというものは一切持ち合わせていないティーンエイジャーだったのだ。で、このことが、どういうわけか、私の内面にいた早熟の学問ひけらかし好きの女性の心に猛烈な嫌悪感を抱かせてしまったのである。ケリー＝アン

の最初の手紙が来たとき（彼女は大胆にも先に文通を始めたのだった）、私は真底ぞっとした。幼児が書いたように、大きな字で手書きであった。ピンクの紙に書いてあり、あっけらかんと間違った綴りが並んでいた。ｉの字の上の点の代わりに小さな○が付いていた。「私の髪はストロベリー・ブロンドなの」と彼女は書いてきた、「それからちょっとそばかすがあるわ」。今考えてみれば、デトロイトの8年生の女の子にサミュエル・ジョンソンのような文章を書くことを期待するのは無理な話だった。しかしそれにしても、こんな内気で冴えないお馬鹿さんに色素沈着上のハンディキャップを並べ立ててもらうことが一体全体私にとって何の役に立つというのだろう？

今になっても、私は自分がケリー＝アンに対してとった行動を恥じている（彼女は、当然だろうが、返事をくれなかった）。彼女の子供っぽい手紙への返事として、私は大人っぽい緑色の縁にぎざぎざの付いた用箋を用い、万年筆を使った。書くときにビロードのスモーキング・ジャケットを身につけたかどうかまでは記憶にないが、わざと desultory〔どうでもよい、本気ではない〕などという単語を使ったり、フランス語を交ぜることさえしたと思う。学のひけらかし？　まあ、そうね。フローベール（Gustave Flaubert, 1821-1880）のエマ・ボヴァリー〔『ボヴァリー夫人』 *Madame Bovary* の主人公〕への一体感を表している有名な節を真似て Adrian Mole, âgé de treize ans et trois quarts...c'est moi.〔エイドリアン・モウル、13＋3/4歳…それが私です[*1]〕なんて書いた

のだから。このティーンエイジャー式の恥ずべき顕示欲を思い出してここに記す主な理由は、ケリー・アンなる女の子を彼女が浸っているぬるま湯から叩き出す使命を果たすためにフルストップを（文字通り）1つも使わず、セミコロンを使ったという事実である。I watch televison in a desultory kind of way; I find there is not much on〔私はテレビをあまり本気で観ることはありません。大した番組はやっていませんね〕と私は書いた。良い気分だった。素晴らしいと思った。それは『クロコダイル・ダンディー』のたくましい主人公が、ヘナチョコ強盗の飛び出しナイフを嘲笑い、自分の30センチもある武器を取りだして「それがナイフかい？　ナイフというのはこういうのを言うんだ」と言うシーンにも似ていた。

　この章で私は句読法を技能・芸能として検討したい。したがって、当然、この世界ではコロンとセミコロンが観衆の中のすべての文筆家による大喝采に合わせてともに軽やかに踊りまくるのだ。魅力的な句読点の数々がミラー・ボールからの光にきらきら輝きながら輪舞する姿を見て頂戴。何て美しいのでしょう！　何て優美なのでしょう！　プロの文筆家に句読点について訊いてみるといい。彼らはアポストロフィの誤用について熱弁を振るうことはしない。そうでなしに、セ

🐼1　イギリスの小説家スー・タウンゼンド（1946-）による日記形式滑稽小説『エイドリアン・モウル、13＋3/4歳の秘密の日記』（*The Secret Diary of Adrian Mole, Aged 3 3/4*, 1985）をもじったもの。

ミコロンの運命について息も切らさんばかりの早口で述べ立てるのだ。セミコロンは絶滅に瀕しているのか？　セミコロンが無くなってしまったらわれわれはどうしたらいいんだ？　新聞ではセミコロンの使用がどんどん減っているのに気が付いたかい？　セミコロンを救え！　われわれの稼業の上でセミコロンは必需品なんだ！　プロの文筆家がセミコロンにこのような強い愛着を持っているのも当然だ。

　これまで扱ってきた句読点を思い出してみよう。アポストロフィの使用について何らかの芸術性があるかしら？　ない。アポストロフィを正しく使えるということは、ただの消極的証明にすぎず、その人がバカでないことを世間に知らせる役割しか持たない。コンマについて言えば、普遍的規則に従う程度が幾分少ないとは言え、やはり実用犬的記号にすぎない。耳を後ろに伏せて走りまわって文の意味と音の両方に奉仕することに懸命になり……そしてもちろんボロボロに疲れ切ったあとのご褒美といえば1椀の質素なドッグフードなのだ。コンマを上手に使えば、あなたは意味とリズムに関して良い勘を持っており、自分の文体に自信があり、読者に十分の敬意を払っていることを宣言することになる。しかしコンマだけではあなたがその道の達人であることを示すわけにはいかない。

　これに対してコロンとセミコロンは、言ってみればほかの記号とは別のリーグに属してるのよ。判る？　男性ダンサーがパートナーを高々と持ち上げるように、この二つには凄い揚力がある。文というものが、文頭の大文字によって空中に

舞い上がり、フルストップによってまあまあ軟らかく着地するものだとしよう。コンマは遠慮深いので、文の高さをそのまま保たせる力はある。「コンマがあるからまだ文は終わりじゃない」、「コンマがまた出たから必要ならまだ何時間も文は続くぞ」、「そらまたコンマ。今度は一旦飛び上がって少し下がろう」、「でもまたコンマだ。再上昇！」って具合にね。もちろんこれはまだ言うことが残っている場合の話だ。ついに言うべきことが無くなれば、コンマ無しで地面を転がることになる。そうすると地面の抵抗力がコンマの代わりを務め、書き手はもうガス欠になっているから最後は3つのドットの助けを借りて...文はお終い、という次第。これに対して、われわれの書く文に穏やかな揚力を与え新しい高度にまで運んでくれる記号がある。楽々と空中を巡航させてくれ、重力の法則を一時停止させて宙返りをさせてくれる記号。そう、それがコロンとセミコロンなのよ。私の言うことが信じられないならヴァージニア・ウルフ（Virginia Woolf, 1882-1941）に訊いて頂戴。

> As for the other experiences, the solitary ones, which people go through alone, in their bedrooms, in their offices, walking the fields and the streets of London, he had them; had left home, a mere boy, because of his mother; she lied; because he came down to tea for the fiftieth time with his hands unwashed; because he could see no future for a poet in Stroud; and so,

making a confidant of his little sister, had gone to London leaving an absurd note behind him, such as great men have written, and the world has read later when the story of their struggles has become famous.
　　　　　　　　　Virginia Woolf, *Mrs Dalloway*, 1925
〔そのほかの経験について言うなら、個々の経験、つまり人々が寝室や、会社や、野道やロンドンの街路を歩きながらの経験を、彼は確かに持っていた。まだほんの少年の頃、彼は、母親のせいで、家を離れた。彼女は嘘をついたのだ。彼が手を洗わずに軽食のため階上から降りてきたことが 50 回もあったためだ。ストラウド〈地名〉では詩人としての将来が見込めないからだった。そこで彼は妹を腹心とし、ばかげた書き置きを残してロンドンへ発ったのだった。その書き置きというのは、まるで偉人たちが書き、のちに偉人たちの苦闘の物語が有名になってから世間の人が読む手記のようなものだった。

　　　　　　　　　ヴァージニア・ウルフ「ダロウェイ夫人」〕

　この 1 センテンスが飛翔する様子をご覧なさい。すばらしいの一言に尽きる。一度も地に落ちることがないでしょ？ みなさん、この残ったサンドウィッチ、私が食べてもいい？
　もちろん、文学上の趣味の世界ではことは単純ではない。セミコロンを崇拝する人もいる一方で、大名文家の中にもセミコロンを退け、失礼な言い方だが「中産階級的」だと呼ぶ人がいる。ジェイムズ・ジョイス（James　Joyce, 1882-

1941）はセミコロンより本格的・古典的だとしてコロンの方を好んだ。P. G.ウッドハウス（P. G. Wodehouse, 1881-1975）はセミコロンなしでいとも容易に立派な作品を書いた。ジョージ・オーウェル（George Oewell, 1903-1950）は『空気をもとめて』（1939）の中でセミコロンをいっさい排除することを試み、1947年には編集者に対して「私はそのころセミコロンは不必要な句読点だという結論に達し、次の本はセミコロン抜きで書くことに決めていた」と語っている。マーティン・エイミス（Martin Amis, 1949-）はその小説 *Money*（1984）でセミコロンを1回だけ使い、後になって（いつも以上に）悦に入っていた。アメリカの小説家ドナルド・バーセルミ（Donald Barthelme, 1931-1989）はセミコロンのことを「犬の腹に付いたダニのように醜い」と書いている。フェイ・ウェルドン（Fay Weldon, 1931-）はセミコロンが特に嫌いだと言い、「でも変ね。私には嫌いな人なんか本当はいないのだから」と付け加えている。あらゆる句読法に精力的に敵対するガートルード・スタイン（彼女がコンマを「奴隷のような」と呼んでいたことを覚えているでしょ？）は、セミコロンたちは自分たちの方がコンマより偉いと思っているけれどもそれは間違いだと言っている。

> They are more powerful more imposing more pretentious than a comma but they are a comma all the same. They really have within them deeply within them fundamentally within them the comma nature.

Gertrude Stein, "Poetry and Grammar", 1935
〔セミコロンたちはコンマよりも強力で威厳があり、見場が良いが、結局のところセミコロンはコンマなのである。セミコロンの内部には、奥底には、基本的深奥にはコンマ的本質があるのだ。

ガートルード・スタイン、「詩と文法」1935年〕

けれども、セミコロンを糾弾するこれらの威張りかえったお馬鹿さんたちをどれほど気にする必要があるのかしら? はっきり言うわ。全然気にする必要はない、と。この連中は単なる目立ちたがりやなだけだ。だからウンベルト・エーコ (Umberto Eco, 1932-) が『薔薇の名前』(1983) でセミコロンを使わなかったことをある学者の読者から祝福されたとき、エーコが『薔薇の名前』を打ったタイプライターにはセミコロンがなかったからだと嬉しそうに説明した(と外伝的には伝わっている)という挿話は実にすばらしい。つまり『薔薇の名前』にセミコロンがなかったことに狂喜した上記の学者先生はあまり賢明だったとは言えないわね。

ただし、文筆家でない人は、コロン、セミコロンのどちらについても、慎重な態度をとっている。その原因の一部は、エリートたちの間で議論が渦巻いているにしても、それは素人の頭の上で起こっているだけの話だからだ。エリック・パートリッジは、1953年の著 *You Have a Point There* [訳1]で、ものを書くときにセミコロンを使うのは手を交差させてピアノを弾くのに等しいと言っている。だが悲しいことに、

怠惰な人がコロンとセミコロンの使い方をマスターしない言い訳を探そうとすると、すぐに立派な理由が見つかるのだ。と言うのもコロン・セミコロンを斥ける数多くの理由がすでに提出されているからである。よく聞かれる例をいくつか挙げよう。

1．コロン・セミコロンは古臭い。
2．コロン・セミコロンは中産階級的だ。
3．コロン・セミコロンは使用が随意的である。
4．コロン・セミコロンと休止との結びつきは不可解である。
5．コロン・セミコロンには危険な中毒性がある（ヴァージニア・ウルフを見るがよい）。
6．コロンとセミコロンの差はあまりにわずかなので、人間の頭脳では把握できない。

これらの反対論は、以下のページで容赦なく粉砕できるはずである。ただ、言っておく必要があることは、フリート・ストリート[2]の表記法尊師(グールー)たちが上に挙げた偏見を支持する旗を掲げているという事実だ。これは特にセミコロンに当てはまり、尊師たちはセミコロンを清教徒的悦楽をもって消しまくる動きを一段と強めている。セミコロンは今や新聞界で

🐼1 「君のその言い分は正しい」と「君、そこに句読点を打たなくては」の両義にかけた題名。
🐼2 ロンドンの新聞社街。転じてイギリスの新聞業界。

は流行遅れで消滅したものとなった。公式な理由は、読者の好みからして、各センテンスが短く、パラグラフも一口サイズで、記事にも曲がりくねった毛虫のような記号がちりばめられていない方が適切だから、というところにある。どうやら本当の理由は、セミコロン使用法に関する編集者側の悲愴きわまりない混乱と、寄稿者が明らかに使用法に精通している場合でさえ、初めから彼らの能力を疑ってかかるという編集側の方針にあるようだ。嗚呼悲しい哉。時計の針を逆回ししても意味はない。かの偉大なる劇評家、ジェイムズ・アギット（James Agate, 1877-1947）は、1935年の日記の中で、度をすぎる几帳面さで悪名高かったある同業ジャーナリストが「あるときモスクワから電話でセミコロンを送ってきた」旨を書き留めている。やれやれ。現代だったらば、この人がどんなあしらい方をされるか想像がつくでしょ？

,

　コロンとセミコロンは古臭いのだろうか？　そんなことはない。ただ、古い時代からあるのは事実である。印刷された最初のセミコロンはあのアルドゥス・マヌティウスの手になるもので、コロンブスが新世界へ向けて船出した2年後のことであり、複式帳簿が発明されたのと時・場所を同じくしている。ただ、私はこの1494年のセミコロンを見るたびに気が遠くなるとはいうものの、調べてみると人類がコンマの上に点を付けたのはこれが最初ではなかったのである。中世

の写字生たちは、ラテン語を写字するときに、省略を示すために現代のセミコロンによく似た記号を使っていた(たとえば atque〔そして、その上〕は atq;のように書かれた)。ギリシア人は疑問文を表すのにセミコロンを使っていた(今でも使っているんだから、あの頭のおかしい連中は)。一方、セミコロンにまあまあ似た記号(プンクトゥス ヴェルスス[※1])が中世の写字生によって聖歌のおわりを示すのに用いられた。しかし本筋に戻ろう。われわれが本当に興味を持つ対象はこうした埃だらけの中世の坊さんではない。実際に関心を持っているのは、コロンもセミコロンも、英語に取り入れられたのは1700年より遙か前だったにもかかわらず、その使用法にはそれ以来ずっと混乱がつきまとってきたという点である。やっと数十年ほど前から文法家たちがコロンとセミコロンの使用法についての明白で満足のいく体系を整備し始めて今日に至ったわけだがたわけだが、今や悲劇的なことに、現代的通信技術が句読法の繊細さを完全に消し去ろうとしているのだ。

　何年にもわたって文法家たちはコロンとセミコロンの差について腰が引けており、「コロンの方がセミコロンよりも"文語的"かな?」といった程度の態度表明しかしなかった。ある文法家はコロンとセミコロンは「無益な論争の大昔からある源泉」である、という嘆きを1829年に記している。ただ全般的に言うと、一般大衆を満足させる方法としては、各

[※1]　punctus versus(詩点)。;

句読点を重さに従って階層的に分類するのがよいという合意は形成されていた。コンマが一番軽い記号で、つぎがセミコロン、そのつぎがコロン、そしてフルストップが1番重い、という次第である。セシル・ハートリー（Cecil Hartley）の著『句読法の原理―句読記号の技術』（*Principles of Punctuation: or, the Art of Pointing*, 1818年）の中には次の詩が載っている。句読点の値を1、2、3に分ける単純な方法である。

> The stops point out, with truth, the time of pause
> A sentence doth require at ev'ry clause.
> At ev'ry comma, stop while *one* you count;
> At semicolon, *two* is the amount;
> A colon doth require the time of *three*;
> The priod *four*, as learned men agree.
> 〔句読点が懸命に示すのは、文が節ごとに必要とする休止の時間なのだ。
> コンマに会ったら、「1つ」と数えるあいだ休め。
> セミコロンが来たら「2つ」休め。
> コロンだったら休みは「3つ」だ。
> フルストップは「4つ」、学者がみんなそう言ってる。〕

このように句読点を音楽の休止符と同じように段階的に休止期間が多くなるものとして分類する方法は、長いこと疑問に付せられずにきた。でも私の意見を知りたい？　インチキ

よ、こんなの。まるっきりナンセンスだわ。誰が2つ数えたり3つ数えたりするっていうの？　こんな馬鹿げた規則を遵守して3世紀にもわたる期間、鉛筆で机を叩きながら「誤つ(あやま)は人の常、トン、トン、許すは神の業(わざ)」の方が「誤つは人の常、トン、トン、トン、許すは神の業」より良いかどうか一生懸命考えていた人がいるなんて信じられる？　そういう人は最後には号泣したでしょうね。だってどの言い方をとっても馬鹿々々しいという点で同等なんだもの。セミコロンの方がコンマよりも知覚不能な程度重いとか、コロンはフルストップよりもほんの少しだけ軽いとかいう考え方は、コロンとセミコロンの特徴を記述する上でも、また（特に）この両者を分類する上でも頑迷きわまるやり方だ。この両者は、センテンスの歩みを遅くするためにそのベルトにくくりつけられた大きめの砂糖袋〔通例1袋1.8kg〕ではないのである。実はその全く逆なのだ。アメリカのエッセイスト、ルイス・トマス（1913-1993）はセミコロンについてつぎのように言っている。

The semicolon tells you that there is still some question about the preceding full sentence; something needs to be added [...] The period [or full stop] tells you that that is that; if you didn't get all the meaning you wanted or expected, anyway you got all the writer intended to parcel out and now you have to move along. But with the semicolon there

9 お上品ぶり

you get a pleasant feeling of expectancy; there is more to come; read on; it will get clearer.[訳1]

The Medusa and the Snail, 1979

〔セミコロンは、そのすぐ前にある一応完結したセンテンスにまだ問題が残っており、何かが追加されねばならないことを示している(中略)。ピリオド(つまりフルストップ)が示しているのは「これでお終い」ということだ。読み手としては、自分が望んでいた、あるいは期待していた意味のすべてを受け取れなかったと感じるかもしれないが、ともかくも書き手が送りつけようとしたことはすべて受け取ったのであり、先へ進むしかない。しかしセミコロンだと読み手は期待感という楽しい気持ちを持つ。「まだ先があるんだ」「読み続けよう」「書き手の意図がもっとはっきりするぞ」

『クラゲとカタツムリ』〕

　期待感こそこれらの句読点のすべてだ。期待感と減衰しないエネルギーだ。内蔵されたスプリングのように、コロンとセミコロンはより多くの情報を求めて読み手が文を読み進む推進力となる。両者の基本的違いは、セミコロンはその前までに書かれていることに関連したどんな方向へでも読み手を軽妙に推進する(ワーイ！どんな驚きが待ってるのかな？)のに対して、コロンの方はそれまでに精巧に敷かれた路線に従って進むよう読み手を肘でつついて注意を与えている、という点にある。こんなに役に立つ句読点なのに使っても使わ

なくてもいいなんてどうして言えるの？　是非理由を聞かせてほしい！　コロン・セミコロン排斥論のもう一方、つまりこの2つは中産階級的だという理由に関しては、私はサーヴィエット[※2]で結構。上に挙げたコロン・セミコロン排斥論の中で、私が進んで認めるものが1つだけある。それはセミコロンには危険なまでに習慣性があるという点だ。セミコロンに執着する文筆家の多くはその家族や友人にとって当惑の原因となる。文筆家のエージェントたちは穏やかに「ジョージ・オーウェルはセミコロン無しで書きましたよ。それにマルセル・プルーストがどうなったか考えてみてください。こんな調子で書き続けてご覧なさい。コルクで内張した部屋の一歩手前ですよ[※3]」と忠告する。だが文筆家たちは書斎の椅子に座って体を前後に揺すりながらセミコロンのキーを静かに打ち、低いささやき声を上げ続けるのである。最近ではセミコロン洗浄術を施してくれるクリニックがナイツブリッジ〔ロンドンの高級ショッピング街〕あたりにいくつかあるらしいが、多くのセミコロン中毒者にとってはもう手遅れだろう。小説家ヒラリー・マントル（Hilary Mantel, 1952-）

※1　原文ではセミコロンとフルストップがまさしくその説明通りの機能で使われていることに注意。
※2　食卓用ナプキンのことを、イギリスの上流および上層中産階級はnapkinと呼ぶが、中層中流階級以下はservietteと言うとされる。
※3　Marcel Proust（1871-1922）。フランスの作家・批評家。センテンスの終わるまで（つまりフルストップが来るまで）が非常に長かった。ある時期コルクの内張で防音装置を施した部屋で執筆・内省に耽った。

は、自伝的作品 *Giving Up the Ghost*（2003）の中でつぎのように漏らしている。「私はいつでも何かに中毒せずにはいられない性質だ。大抵は支援団体などない何かなのだ。たとえばセミコロン。そのために1文中に200以上も単語が続くことになってもセミコロンを使わずにいられない」。

そうなると、そもそもコロンの方はどう使うべきなのだろう？ H. W. ファウラーによるとコロンは「その前に着いた送り状に示された品物を配達する係り」であるという。しかしコロンとセミコロンに関する聖典と言えば、1924年にジョージ・バーナード・ショーが T. E. ロレンス（T. E. Lawrence, 1888-1935。"アラビアのロレンス"）に送った手紙だろう。この中でショーはロレンスの『知恵の七柱』の原稿にコロンが多すぎるとしてロレンスを痛罵している。「ルーランス(ママ)君。君も君の本もくたばってしまえ。君にペンを持たせるのは、子供に魚雷を持たせるのと同じように危険だ」。ショーのこの手紙の続きは、さらに一層攻撃的で痛快なものになっている。ショーの説明によると、ショーはコロンとセミコロンに関する自分自身の体系を作り上げた後、それを聖書に照らしてチェックしてみたところ、聖書はほぼ正しい使い方をしていることが判ったという。こうした権威を背景に、ショーはロレンスの無頓着な態度に腹を立てているわけだ。「私はコロンを、他の句読点では作り出すことができない効果を上げたいときのために大事にとっておくのだ。」とショーは説く。「君は規則を知らず、しまりのない頭で時々むやみにコロンをまき散らしているから、規則を君に

いくつか教えてやろう」。

ショーはその独特な句読法でよく知られている。とりわけセミコロンは、自分の脚本を俳優の影響から保護しようとするショーの方策だったのである。例を挙げると俳優のラルフ・リチャドスン（1902–1983）が、ショーの『武器と人』（*Arms and the Man*, 1894）の1931年の公演でブルンチェリの役を務め、最初のせりふで劇的効果のため吐息や息継ぎを1つ2つ入れたところ、直ちにショーからストップがかかった。ショーはリチャドスンに自然な演技などは忘れて句読点を順守するように命じた。「自然主義も大変結構だ、リチャドスン」とショーは（リチャドスンの話によると）言った。「それに、チェーホフ（A. P. Chekhov, 1860–1904。ロシアの劇作家・短編小説家）を演る場合はそれでいいかもしれないが、私には通用しない。君のあえぎ声は私の脚本のフルストップやセミコロンを駄目にしてしまう。いいかね、句読点通りにやりなさい」。リチャドスンはショーの言ったことは正しかったと語っている。ショーの句読点に従わないと「せりふの調子がちゃんと出てこな」かったのだそうである。ショーの書いたものを、どれでもいいから眺めてみるとよい。コロンとセミコロンが過剰に使われており、おまけにこれらに注目を引くため、この2つの句読点が本物の楽譜記号でもあるかのように、その前にまでわざとスペースが置かれているのだ。[1]

---

[1] 通常、後にはスペースを置くが、前に置くことはしない。

Captain Bluntschli. I am very glad to see you ; but you must leave this house at once. My husband has just returned with my future son-in-law ; and they know nothing. If they did, the consequences would be terrible. You are a foreigner : you do not feel our national animosities as we do.

Arms and the Man, Act Ⅱ

〔ブルンチェリ大尉。お目に掛かれて嬉しうございます。でもこの家からはすぐに出て戴かなくてはなりません。夫が娘の未来の夫を連れてたった今帰って参りましたの。2人は何も判っていません。もし判ったら恐ろしい結果になります。あなたは外国の方で、私たちこの国のものが抱いている憎しみをご存じないのですから。

『武器と人』第Ⅱ幕〕

現代でショーのセミコロン使用法を採用するのはむろん狂気の沙汰というものだろう。だが T. E. ロレンスへの手紙でショーはコロンに関しては正気のことを言っている。2つの陳述が「露骨かつ劇的に並列されているときは」コロンを使え、というのである。たとえば Luruns could not speak: he was drunk. 〔ルーランスは口が利けなかった。彼は泥酔していた〕のような場合だ。ショーはロレンスへの説明で、2番目の陳述が最初の陳述を再確認したり、説明したり、例証しているときにはコロンを使いなさい、また、突然に「停止」したいとき、たとえば Luruns was congenitally literary: that is, a liar.〔ルーランスは生まれながらに衒学的である。つまり、うそつきなのだ〕などと言いたいときもコロンを用いよ、と述べている。

　　君にも判ると思うが（とショーは書いている）、君が but その他の語の前で使っているコロンは、私の作った体系の中で禁忌とされているもので、上で述べた劇的効果を上げようとする場合、君にはもう余力がなくなっている、という事態を招来してしまう。それに君はセミコロンをほとんどまったく使っていない。これは頭脳的欠陥から生じる徴候で、多分アラビアでの軍事・探検に由来するものだろう。

　こう見てくると、コロンが持つ特定の力がだんだん明らかになってくる。コロンの前にはほとんどの場合完結したセンテンスがある。そしてコロンの一番単純な役割は、このセンテンスの後に何が来るかをかなり芝居気たっぷりに宣言することにある。魔術師のよく訓練された助手のように、ちょっと手を止めて観客に心配する時間をほんの少し与え、そして効果的に布をさっと除けてトリックが完了した様を見せるのだ。
　ところで、つぎに挙げる例のどれをとっても、コロンが来る箇所で、喜び、満足した「イエス！」という声が聞こえるんじゃない？

　　This much is clear, Watson: it was baying of an

enormous hound.

(*This much is clear, Watson—yes! it was the baying of an enormous hound.*)

〔ここまでははっきりしているよ、ワトソン。そうとも！ とてつもなく大きい猟犬の吠え声だったのだ。〕

Tom has only one rule in life: never eat anything bigger than your head.

(*Tom has only one rule in life—yes! never eat anything bigger than your head.*)

〔トムは生きていく上での規則をたった1つしか持っていない。そうなんだよ！　自分の頭より大きいものは絶対食べるなっていう規則さ。〕

I pulled out all the stops with Kerry-Anne: I used a semicolon.

(*I pulled out all the stops with Kerry-Anne—yes! I used a semicolon.*)

〔ケリー・アンに対してはフルストップを全然使わなかったの。本当よ！　セミコロンを使ったの。〕

ただ、こうした「宣言的」使い方はコロンが持ついろいろな機能のうちの1つにすぎない。「イエス！」型のコロンに並んで、「アーア」型のコロンもある。このコロンは、最初の陳述には、ちょっと目には気付かれなかった大事なことがあ

るのかもしれない、ということを読み手に教えてくれる。

 I loved Opal Fruits as a child: but no one else did.
 (*I loved Opal Fruits—ah, but nobody else did.*)
 〔あたしは子供のころオパール・フルーツが大好きだった。
  アーア、でもほかの子はそうじゃなかったのよ。〕

 You can do it: and you will do it.
 (*You can do it—ah, and you will do it.*)
 〔あなたにはそうする権利がある。アーア、だから実際やってしまうでしょうね。〕

 コロンの古典的用法の1つに、2つの正反対というか対立的陳述の支えをなす役割がある。

 Man proposes: God disposes.
 〔企(くわだ)てるは人、決(けっ)するは天。〕

そしてショーがいみじくも言っているように、コロンには読み手の心にちょっとの間ブレーキをかけ、そのあとご結構な驚きを与える効果もある。

 I find fault with only three things in this story of yours, Jenkins: the beginning, the middle and the

end.
〔ジェンキンズ君。私の見るところ、君が書いたこの物語に欠陥があるとすればそれは3カ所だけだ。初めと中間と終わりの部分だ。〕

そういうわけで、コロンにはセンテンスの前半部分を例証したり、別の言い方で述べたり、詳述したり、その価値を下げたり、説明したり、後半と比べ合わせたりする機能がある。コロンにはまた、前置き的形式としての役割がいくつかある。まず、枚挙をするときの前置きとなる（ことに枚挙されるものがセミコロンで結ばれている場合）。

In later life, Kerry-Anne found there were three qualities she disliked in other people: Britishness; superior airs; and a feigned lack of interest in her dusting of freckles.
〔後年、ケリー・アンは他人の属性の中で嫌いなものが3つあることに気付いた。イギリス人であること、優越感に満ちた気取り、自分（ケリー・アン）の顔にそばかすが散っていることに興味がないような振りをすること。〕

また小説や映画の主題と副題を区分するのにも使われる。

Berks and Wankers: a pessimist's view of language preservation

〔バークスとウォンカーズ——言語保護に関する悲観主義者の意見〕

Gandhi II: The Mahatma Strikes Back
〔ガンジーII——マハトマの巻き返し〕

コロンはまた慣習として劇の登場人物の名前とそのせりふとの間に書かれる。

PHILIP: Kerry-Anne! Hold still! You've got some gunk on your face!
KERRY-ANNE: They're *freckles*, Philip. How many more times?
〔フィリップ：ケリーアン！　動かないで！　顔に汚いものが付いてるよ！
ケリー＝アン：これはソバカスよ、フィリップ。何度言ったら判るの？〕

コロンは長い引用の前とか、そして（もちろんのことだが）句読法に関する本で例を挙げるときに使われる。考えてみればコロンてのは本当に便利な奴じゃない？　3つ数えるのだけはやめて頂戴。それさえやめてくれれば結構。

,

　さてセミコロンはどういうときに使うのか？　コンマに関する章で見たとおり、セミコロンを置く主な場所は、あなたがジョン・アップダイクでない限り、2つの関連したセンテンスの間である。ただしその2文が and や but でつながれておらず、コンマを使ったのでは非文法的になってしまう場合である。

I loved Opal Fruits; they are now called Starburst, of course.
〔私はオパール・フルーツが大好きだった。いまではスターバーストと呼ばれているのは知ってるけど。〕

It was the baying of an enormous hound; it came from over there!
〔それはとてつもなく大きい猟犬の吠え声だった。ほら、あそこから聞こえてきたんだ！〕

I remember him when he couldn't write his own name on a gate; now he's Prime Minister.
〔私は彼が入り口のドアに自分の名前も書けなかったころを覚えている。彼は今や首相なのだ。〕

セミコロンの熱心な支持者たちが悩んでいるのは、現代の文筆家たちがセミコロンの代わりにダッシュを使い、それによって世界の終末を促進している傾向だ。この人々は取り越し苦労をしているのだろうか？　上に挙げたどの例についても、セミコロンの代わりにダッシュを用いたところで、たしかにその文に大した被害は起こらない。ダッシュはセミコロンほど格式張っていない。そこが好まれる理由なのだろう。ダッシュは会話的印象を高めるし、次の章で見るようにかなり微妙な効果をあげる力がある。しかし人々がダッシュを使う主な理由は、彼らがダッシュを使い間違えることは不可能だということを知っているからだ。使い間違えようがないということは、句読点としては他に例を見ない長所である。ただしセミコロンとダッシュとでは、異なる効果が生み出される場合があることは心得ておいた方がいい。セミコロンはその両側にある文が何らかの関連を持っていることを示唆する。ダッシュは、そうした関連がはるかに希薄で、バラバラになった意味の間に橋を架けるときのためにとっておいた方がいいのだ。

> I loved Opal Fruits—why did they call them Starburst?—reminds me of that joke "What did Zimbabwe used to be called?—Rhodesia. What did Iceland used to be called?—Bejam[1]!"

――――――――――

🐼1　Bejam は、イギリスの冷凍食品・冷凍庫製造会社。

〔オパール・フルーツが大好きだった——今はどうしてスターバーストなんて呼ぶのかしら？——あのジョークを思い出すわ。「ジンバブエの昔の名前は？——ローデシア。アイスランドの昔の名前は？——ビージャム！」〕

　だからたしかにダッシュは厳重に見張っておく必要がある。それから省略を表す「…」もだ。「…」は「もっと話はあるんだけどォ…これまで書いたことに関係はあるかもしれないしィ…でも大事なことはまだ終わってなくてェ…もう少し待って様子を見ましょ…こうやって書いていると何時間でも続くしィ…」とでも言うような気持ちを表す簡便記号としてＥメールで次第にはやり始めている。とはいえ、この世に大文字で始まりフルストップで終わるセンテンスというものがある限り、セミコロンの座る席は残る。セミコロン使用が義務的でないのは事実だ。代わりにフルストップが使えるのだから。しかし、だからこそセミコロンには素晴らしさがあるのだ。

>   Popotakis had tried a cinema, a dance hall, baccarat, and minuature golf; now he had four ping-pong tables. He had made good money, for the smart set of Jacksonburg were always hard put to get through the rainy season; the polyglot professional class had made it their rendezvous; even attachés from the legislations and younger members of the Jackson

family had come there.

Evelyn Waugh, *Scoop*, 1938

〔ポポタキスは前に映画館やダンスホールやバカラやミニャチュア・ゴルフを手がけたが、今はピンポン台を4台持っていた。彼はこれでかなり金をもうけていた。というのも、ジャクソンブルグのハイカラ連中は雨期をどうやって過ごすかにいつも困っていたし、多言語使用の技能的階級に属する人はポポタキスの店を溜まり場にしていたし、立法府派遣の大使館員付き官吏たちさえも、またジャクソン家の若いメンバーたちもそこへ集まったからだ。

イーヴリン・ウォー『スクープ』〕

セミコロンは「書き手から読み手へのサービス」と呼ばれてきた。これは当を得た呼び名だ。だがこれはかなり強気のサービスと言える。セミコロンに隠された意味は、「さあ、ここにヒントがある。この文を構成する要素は、文法上は別個ではあるものの、実際には単一の概念を構成する要素なのだ。もっとわかりやすくすることも可能なのだが、オイ君！ 君は読者だ！ 君に地図を描いてやる必要はない」なのである。しかし同時に、セミコロンに過剰に依存すること——これは未完成のいくつかの概念を紙の上に一緒くたに投げ出し、それに書き手の意図らしきものをちらりと見せる方策だ——は、読み手にとっては有り難迷惑なサービスだ。アメリカの文筆家ポール・ロビンスン（Paul Robinson）はそのエッセイ「句読法の原理」（The Philosophy of Punctuation,

2002）の中で、「これ見よがしで活動過剰の」セミコロンは、学者たちの世界で流行病とも言えるほどの割合に達し、不正確な思考をごまかす目的で使われていると言っている。「セミコロンは2つの文を何らかの相互関係にあるものとして結びつけ、その関係が正確には何であるかを述べる義務から書き手を免れさせている」。傍点は私が付けたのだが、どうもロビンスンは少し興奮しすぎではないだろうか。「セミコロンは私にとって何とも疎ましいものとなってしまったので、それを使うときの私は自分の倫理が問われているような気持ちがする」と彼は大まじめで書いている。

けれども、セミコロンが別の資格で不可欠になる場合もある。それはコンマがけんかを始めたときに一種の特別警察官としての役割をセミコロンが果たすときだ。私のこの本から1つでも教訓が得られるとすれば、それは句読法の世界ではだれるなどという暇は一時もないということだ。ある瞬間にセミコロンがお世辞たらたらで2つの文を優美につなげ（そしてロビンスン氏の名誉を傷つけ）ているかと思うと、次の瞬間には大勢がやがや集まっているコンマたちに注意を促さなくてはならない。

> Fares were offered to Corfu, the Greek island, Morocco, Elba, in the Mediterranean, and Paris. Margaret thought about it. She had been to Elba once and had found it dull, to Morocco, and found it too colourful.

〔コルフ島、ギリシャの島、モロッコ、エルバ島、地中海の、そしてパリへの運賃が示されていた。マーガレットは考えた。エルバ島へは一度行ったことがあったが、退屈だった、モロッコへ、華やかすぎた。〕

その性素直なセミコロンとしては、コンマたちの間に割って入り、ホイッスルを鳴らして秩序を回復させる以外に行動選択の余地はない。

Fares were offered to Corfu, the Greek island; Morocco, Elba, in the Mediterranean; and Paris. Margaret thought about it. She had been to Elba once and had found it dull; to Morocco, and found it too colourful.

〔ギリシアの島であるコルフ島、モロッコ、地中海のエルバ島、そしてパリへの運賃が示されていた。マーガレットは考えた。エルバ島には一度行ったことがあったが、退屈だった。モロッコにも行ったがあそこは華やかすぎた。〕

この方が意味はずっとはっきりする。そして、セミコロンさん、私たちは特別警察官であるあなたに感謝を捧げたいわ。ただし、のさばりかえるコンマたちを鎮圧するこの方策には2つの危険がまつわっている。1つは、意味明確化のための一連のセミコロン使用に乗り出すのはいいが、やがて文筆家が興味を失うか忘れるかして、コンマに陥ってしまう

〔comma を coma（昏睡状態）に掛けている〕（やれやれ）という危険だ。もう1つの危険は、セミコロンの前後には完結した文（主語述語のそろった文）が来なければいけないという規則を無視することを、気の弱い文筆家にさえ奨励してしまう、という点だ。ときには——これまで誰にも話さなかったことだが——私も意識の流れ的な文構造を使うときがある。ヴァージニア・ウルフ的で、完結文を使わない。でもそうしても構わないという気がする。ちょっと困ったことだけど。☞1

　急いでセミコロンの適正な使用法の最後の項目を見よう。コンマに関する章で見たとおり、He woke up in his own bed, however, he felt fine.のような書き方は良くない。however、nevertheless、also、consequently、hence のような連結語はセミコロンを必要とするのだ。このことは、どう見ても、私には自明のことに思えるのだが。古臭い「2つ数えろ」式のやり方を私は大いに非難するが、この場合は息継ぎが絡んでいることは明らかだ。He woke up in his own bed, and he felt fine.を音読するときには、and の前で息を吸い込んだりせず一気に読む。ところが He woke up in his own bed; nevertheless, he was OK.〔彼は自分のベッドで目を覚ました。それにも関わらず彼は大丈夫だった。〕を読み上げるときは nevertheless の前で自動的に息を吸い込む。

,

　文筆家というものが句読法に関心を寄せると聞いても誰も驚かないはずだ。伝聞だが、さる高名な20世紀の作家の最期のことばは「あんなにセミコロンを使うんじゃなかった」だったそうである。この作家が誰であったかを突き止めようとして何ヶ月も費やし、結局判らずじまいだったが、それでも私はこの話を信じる。結局こんなことを死の床で言った人は誰もいなかったことが明らかになったとしたら、このことばは自分用にとっておくつもりである。

　英語の句読法について心得ておくべきことは、その範囲がごく限られているという点だ。自分独特の文体を守ろうとする文筆家は、限られた数の句読点を使って最大の効果を絞り出さねばならない。だから文筆家の句読点選択が「我が社の方針」に従ってすべてを律しようとする原稿整理編集者によって異議を差し挟まれる（あるいは修正されてしまう）と、文筆家は絶望的な気持ちになるのだ。作家が apple tree と書くと、出版社の方針は apple-tree であることが判明する。これは作家にとって痛手である。出版社が修正を迫るというのは不当だ！　といってもこの災厄を逃れられる人はいない

🐼1　3行上の「私も」からここまでの原文は I adopt a kind of stream-of-consciousness sentence structure; somewhat like Virginia Woolf; without full sentences; but it feels OK to do this; rather worrying. で、セミコロンが多用されている。

のだ。インド生まれのイギリス作家サルマン・ラシュディー (1947-) の短編小説「無料のラジオ」(Free Radio)(今は単行本『東、西』(*East, West*, 1994) に収められている) が最初に『アトランティック・マンスリー』誌に掲載された際、私の聞いたところでは同誌の編集者はこの小説の意図的な「病的多弁症的」語り口の句読法をラシュディーに断りなしに直してしまったという。おそらく句読法などは、ラシュディーにとって、掃除機をかけるのと同じように、喜んで他人任せにする種類のことだという思いこみがあったのだろう。アメリカの作家ニコルスン・ベイカー (Nicholson Baker, 1957-) は、『思考のサイズ』(*The Size of Thoughts*, 1996) に収められた句読法の歴史に関するエッセイの中で、pantyhose〔パンティー・ストッキング〕(とベイカーは書いたのだが) を panty hose と書き換えるかどうかをめぐって原稿整理編集者と彼との間に起こった感情的闘いについて語っている。ついでながらベイカーは、複合句読記号を復活させることを提唱している。コンマとダッシュの組み合わせ (, ―)、セミコロンとダッシュの組み合わせ (;―)、コロンとダッシュの組み合わせ (:―) などである。そして彼の本『室温』(*Room Temperature*, 1990) の中で、コンマの形について実に詩的な物思いに耽って(「コンマが思い起こさせるのはグランドピアノのペダル、ボウフラ、ペイズリー、成人の鼻孔の入り口、素粒子のらせん状崩壊、ゴンドラのへさき……」) いるので――でも、こんな変な話聞いたことがないわ。

,

　つぎの例を用いて句読法がいかに意味に変化をもたらすかを見よう。

> Tom locked himself in the shed. England lost to Argentina.
> 〔トムは小屋に入って中から鍵をかけた。イングランドはアルゼンチンに負けた。〕

この2つの文は、そのままでは、何の関係もない可能性がある。2つのことが起こった旨を過去形で伝えているだけである。しかし、

> Tom locked himself in the shed; England lost to Argentina.

のようにセミコロンが使われると、この2つの出来事が同時に起こったのだという推測がつく。もっとも、トムはとてもゲームを見ていられなくなって小屋に閉じこもったので、まだ試合結果は判っていないという可能性もあるが。セミコロンを適宜に使うことによって、トムが小屋に閉じこもったこととイングランドがアルゼンチンに負けたことが、誰か他の人を心底からいらだたせた2つの出来事であるという響

お上品ぶり

きを伝えることができる。「ひどい1日だったよ、ママ。トムは小屋に閉じこもっちゃうし、イングランドはアルゼンチンに負けるし、ウサギは洗濯機のコードをかじって自分で自分を電気椅子にかけちゃうし」。一方、つぎのようにコロンを使えばどうか？

Tom locked himself in the shed: England lost to Argentina.

今度はすべて明瞭になる。トムが小屋に閉じこもったのは、イングランドがアルゼンチンに負けたのが原因だったのだ。閉じこもったのも当然でしょ？　私の意見はそうだわ。

このごろでは誰もコロンとセミコロンの使い方を習っていないと思うと悲しい。とりわけ、Q・W・E・R・T・Yといった字が左側に偏って並んでいるキーボード全盛の時代では、人間の右手の小指は伝統的な機能を奪われ、運動不足が原因で衰退し最期にはなくなってしまうかもしれないからである。だが悲しみの主な原因は、ジョウゼフ・ロバートスンが1785年に句読法に関するエッセイの中で書いたように、「句読法の術はものを書く上で無限の重要性を持っている。句読法がすべての書き物に対して明晰さを与え、最終的には文章に美しさを与える」ものだからである。文章の明晰さと美しさは、この腐敗した現代の世界でも軽視されてはならない。もしコロンとセミコロンがお上品ぶった感じを与えるとすれば、少なくともこの2つの句読点は、ことばというものが

それ無しでは成立し得ない「お上品ぶり」をことばに与えているわけである。

🙶🙶🙶🙶🙶🙶🙵🙵
格好を付けて

　1885年にアントン・チェーホフは『感嘆符』というクリスマス向けの短編を書いた。ディケンズの『クリスマス・キャロル』の軽いパロディーであるこの物語の中で、大学の事務職をつとめるペレクラーディンという男がクリスマス・イヴに眠れぬ夜を過ごす。その原因となったのはその晩のパーティーで、ある人にペレクラーディンは教育のある人と違ってまともな句読法を使う能力がないと悪口を言われ、腹を立てていたからである。あまり面白そうな話ではないとお考えでしょうけど、まあ聞いて頂戴。何しろチェーホフなんだから。チェーホフなら間違いないというのが定説でしょう？さてこのパーティーで、動揺したペレクラーディンは、大学教育こそ受けていませんが、40年の経験から句読点の使い方には習熟しています、大きなお世話です、と主張する。だがその夜床に就いた彼は幻影に悩まされる。『クリスマス・

キャロル』の主人公スクルージの場合と同様、この記念すべきクリスマス・イヴにペレクラーディンのところへ次から次へと化け物が現れ、彼が一生忘れられない教訓を残す。

　その化け物とは？　すべて句読点なのである。そう、これは本当に句読法についての物語なのだ。最初に彼の眠りを妨げるのは燃えて飛び回るコンマの大群である。彼はコンマ使用の規則をとうとうと述べ立てて彼らを追っ払う。次に押し寄せて来るのは大勢のフルストップ、ついでコロンとセミコロン、そうして疑問符だ。今度も彼は慌てず騒がず彼らを引き下がらせる。ところが、つぎに疑問符の一人（？）が曲線部分を直線にし、背中をピンと立てた。ここでペレクラーディンは「やられた！」と気付く。この40年の間、かれは感嘆符を使う必要がまったくなかったのである！　感嘆符が何のためにあるのかさえ彼には見当も付かなかった。読者が行う推測は明白だ。感情的重要性を持ったことなどペレクラーディンにはいっさい起こったためしがなかったのだ。感嘆符使用が必要になる「歓喜、憤怒、喜び、怒り等の感情」などは、どのみち彼にとって無縁であったのだ。

　エピファニー的作品としての『感嘆符』は『クリスマス・キャロル』とは幾分異なる。『クリスマス・キャロル』のスクルージは、心優しい、足の悪い少年タイニー・ティムの今や持ち主を喪った松葉杖が炉端に立てかけられているのを見て心打たれ、これが彼の改心の最大の原因となるが、ペレクラーディンは違う。それにしてもペレクラーディンは動揺する。

可哀想にこの書記は、チフスに罹ったように寒気がし、不安を感じた。感嘆符はもはや彼の閉じた眼のうしろにはおらず、目の前に、部屋の中で、彼の奥さんの化粧テーブルの脇に立ち、からかうようにペレクラーディンに向かってウインクしていた。

ハーヴィー・ピチャー訳：
チェーホフ『滑稽物語』、1998

　気の毒に。ペレクラーディンはどうすればいいのだろう？翌日、つまりクリスマス・デイにタクシーを呼びとめると、運転手が感嘆符であることが彼にはすぐ判った。ものごとがだんだん手に負えなくなってくる。「ボス」の家へ行くと、門番が感嘆符だった。こうなったらもう抵抗するほかない。ボスの家の訪問者名簿に名前を書くとき、ペレクラーディンにはとっさに名案が浮かぶ。彼は挑戦的に「大学書記イェフィム・ペレクラーディン」と書き、そのあとに「！！！」と感嘆符を3つ加えた。

　　感嘆符を書きながら、彼は歓喜と憤怒を感じた。嬉しくもあり、怒りに包まれてもいた。
「これでどうだ、これでどうだ！」とつぶやきつつ、彼はペンに渾身の力を入れた。

すると感嘆符の化け物は消えてなくなったのである。
　私たちのほとんどはいつ句読法を習ったのか覚えていな

い。文章の読み方や綴りを習ったのは覚えているだろうが、センテンスに"！"という記号を付けると音読する際の声に変化が出ること知ったときのことは記憶にない。さいわい、このようなことを教わったのは幼いときだから、愚かな質問はしないで済んだ。と言うのも、I can't believe it.〔私にはそれが信じられない〕をI can't believe it!〔そんな馬鹿な！〕に変える仕組みは、絶対的（・盲目的）に信ずることを要求する目くらまし的慣習だからだ。私自身の感嘆符に関する歴史を話せば（あまり自慢にはならないのだが）、初期のことについて明瞭に覚えているのは、ただ一つ、1970年代の手動式タイプライター——私はこの器械で初めてタイプを打った——のキーボードには感嘆符が付いていなかったということだけである。だからまずフルストップを打ち、そのあと1字バックさせてアポストロフィを重ね打ちする必要があった。^{訳1} あれは表現力豊かな句読法にとっては阻害要因だったわよ、レミントンさん。^{訳2} しかし実のところ、バック・スペースとかシフト・キーなどという便利な技法を使って努力したことは、あの強調を表す黒くて小さいおっさんが嬉しそうにページに坐っているのを見る楽しみを増加させてくれたことも、もちろん確かである。

　この章は、表現力に富んだ、読む人の注目を求める句読法、つまり格好を付けるタイプの句読点を扱う。言い換えれば、飾りを付けてものを言わずにはいられない句読点である感嘆符、ダッシュ、イタリックである。もちろん、こうした句読点の効果に依存しすぎる人がいることは知っているし、

ガートルード・スタインがこれらの記号を忌避している（変な女！）こともちろん承知だ。それにも関わらず私はこれらの句読点の効果を擁護してつぎのように思わざるを得ない。英語の句読法の体系はそもそも範囲の限られたものであり、そのうち半分をくだらないものとして排除してしまったら範囲は一層狭くなってしまう。感嘆符の使用でカタルシスを果たしたペレクラーディンの例を思い出すべきだし、19世紀のフランスの小説家、ヴィクトル・ユーゴーの次の逸話も記憶されるべきだ。ユーゴーは『レ・ミゼラブル』の売れ行きが知りたくて出版社に「？」とだけ書いた電報を出した。出版社からは表現力に満ちた「！」という返電があった。

誰でも感嘆符（exclamation mark）――アメリカでは感嘆点（exclamation point）と言うが――のことは知っている。センテンスの終わりに来て、無視することは不可能で、どうしようもなく頭が大きくて、新聞界では叫び印、息止まり印、ビックリ印、それから（失礼！）犬のオチンチンとし

---

1 現在のワープロソフトで同じことをすれば、「'.」ができあがるだけだが、タイプライターは「重ね打ち」が可能だった点は器用だったことになる。
2 世界最初のタイプライターは1870年代にアメリカのRemington社から売り出された。

て知られている。ここに1つある！　ここにももう1つある！　滑稽な書き物では、感嘆符は缶詰にした笑い声とおなじである（騒々しいギャグ好きとしても有名だった作家 F. スコット・フィッツジェラルドは感嘆符の使用は自分のジョークに自分で笑っているようなものだと言っている）。私は確証を以て言うのだが、感嘆符を編集者によって削られること以上に屈辱的なことが1つだけある。それは感嘆符を付け加えられてしまうことだ。

　というわけで、タイプライター製造業者の必死の努力にも関わらず、感嘆符はこの世から消え去ることを拒否してきた。15世紀のユマニスムの印刷者によって導入されたころの感嘆符は「尊崇の符号」として知られていた。17世紀になると、1680年に出版された長たらしい題名の『ストップ、点、つまり休止符、および手書きや印刷で使われる符号に関する論説——熟知される必要が多くありおのおのの使用法が慎重に教えられるべき事柄』という本の中ではつぎのような脚韻詩で定義されている。

This stop denotes our Suddain Admiration,
Of what we Read, or Write, or giv Relation,
And is always cal'd on Exclamation.
〔この符号は我々が読んだり、書いたり、関連づけたりするものに対する突如とした尊崇を表し、常に感嘆と呼ばれる。〕

感嘆符が使われるようになって以来、文法家はずっと感嘆符使用について注意するよう呼びかけてきた。その主な理由は、たとえ（！）のようにカッコでくるんでも、感嘆符は叫び声を上げ、ネオンサインのようにきらめき、ピョンピョン飛び跳ねるからである。句読法の家族の中でフルストップが父親、コンマが母親、そしてセミコロンが手を交差させて静かにピアノの練習をしているとすると、感嘆符は、過度に興奮し、物を壊し、ばかでかい声で笑う注意欠陥障害の男の子なのだ。伝統的に感嘆符は次の場合に使われる。

1．思わず出る叫び
　　Phew! Lord love a duck!〔ふーっ！　こりゃ驚いた！〕

2．呼びかけまたは請願
　　O mistress mine! Where are you roaming?
　　〔おお、我が愛しの君よ、何処を彷徨い給うや〈シェイクスピア「十二夜」中の唄〉〕

3．感嘆（または尊崇）
　　How many goodly creatures are there here!
　　〔ここには何と麗しき方々がたくさんおいでなのでしょう！〈シェイクスピア「あらし」中のせりふ〉〕

4．ドラマ的効果
　　That's not Northern Lights, that's Manderley!

〔あれは北極光ではない、マンダレー邸だ！〈ダフニー・デュ・モーリア（1907–1989）原作の映画『レベッカ』中のせりふ〉〕

5．ごくありきたりのセンテンスをより強調的にする
   I could really do with some Opal Fruits!
   〔オパール・フルーツをどうしても食べたいわ〕

6．アイロニーが誤解される可能性を避けるため
   I don't mean it!〔本気じゃないってば！〕

　個人的なことを言えば、私はEメールの最初の呼びかけに感嘆符を使っている。Dear Jane ではあまりに堅苦しいと思われるときだ。Jane!と書く。もっともこの書き方が一般に容認されないことが最近判り始めたが。私の見るところ、規則は「感嘆符の持つ大きな効果が不可欠だという絶対的確信のあるときだけ感嘆符を使え」であるようだ。H. W.ファウラーは「感嘆符の過剰な使用は、書き手がものを書くのになれていないか、あるいはセンセーショナルでもないものにセンセーショナルな見せかけを加えようとしているかを示すものだ」と言っている。でも、ときには感嘆符を抑圧するのが気の毒なときもある。考えてみれば、感嘆符は誰に害を与えようとしているわけじゃないし、必死になって使ってもらおうとしているのだもの。

,

　疑問符は、優美なタツノオトシゴ型をしているので、感嘆符の少なくとも2倍はスペースをとる。だが感嘆符に比べると嫌われ方はずっと少ない。疑問符がなかったらわれわれはどうすればいいのだろう？　感嘆符と同じように、疑問符もフルストップ、つまり「休止符」から発達したもので、文の終わりにだけ使われる。疑問符は8世紀の後半プンクトゥス・インテロガティヴス（疑問用の点）として始まった。そのころは右上から始まり左下へ降りる稲光のような形[訳1]をしていた。「疑問符（question mark）」という名前（はっきり言ってつまらない名前ね）は、19世紀の後半に付けられたのだが、一般にはあまり受けていない。記事を口述筆記させるジャーナリストなら query という語を使うのが習慣だし、また——口述筆記の話が出たので言っておくと——P. G.ウッドハウスの『70を過ぎて』（*Over Seventy*, 1957）の次のくだりでは嬉しそうに別の名が使われている。

> How anybody can compose a story by word of mouth face to face with a bored-looking secretary with a notebook is more than I can imagine. Yet many authors think nothing of saying, "Ready, Miss

---

🐼1　punctus interrogativus ⚡

🔖 格好を付けて

Spelvin? Take dictation. Quote No comma Sir Jasper Murgatroyd comma close quotes comma said no better make it hissed Evangeline comma quote I would not marry you if you were the last man on earth period close quotes Quote Well comma I'm not comma so the point does not arise comma close quotes replied Sir Jasper twirling his moustache cynically peiod And so the long day wore on period. End of chapter."

If I had to do that sort of thing I should be feeling all the time that the girl was saying to herself as she took it down, "Well comma this beats me period How comma with homes for the feebleminded touting for custom on every side comma has a man like this succeeded in remaining at large mark of interrogation."

〔誰にもせよ、ノートを持って退屈な表情をした秘書と顔を突き合わせながら口頭で物語を作っていくなどということがどうしてできるのか、私には想像を絶する。だが次のようなことを言うのを何とも思わない文筆家がいるのだ。
「いいかね、スペルヴィン君。筆記を頼む。引用符いいえコンマサー・ジャスパー・マーガトロイドコンマ引用符閉じるとエヴァンジェリンは言ったいやかすれ声で言ったの方がいいコンマ引用符貴方が仮に地上最後の男性だったにしても私は貴方となど結婚しませんピリオド引用符閉じ引

用符でもコンマ私は地上最後の男ではないからコンマその問題は生じないコンマ引用符閉じとサー・ジャスパーは口ひげを冷笑的な様子でひねりながら答えたピリオドそうしてこの長い日はゆっくりと過ぎていった。この章終わり。」私がこんなことをしなければならない羽目になったら、そのあいだ中、秘書の女の子は筆記をしながら心の中でつぎのように言っているに違いないと感じざるを得ないだろう。「やれやれコンマ嫌(いや)になるわピリオドどうしてコンマ知的障害者の養護施設が各方面に得意先をしつこく求めているというのにコンマこんな男がうまいこと野放しになってるのかしら疑問印。」[1]

①"No, Sir Jasper Murgatroyd,", ~~said~~ hissed Evangeline, "I would not marry you if you were the last man on earth." "Well, I'm not, so the point does not arise," replied Sir Jasper twirling his moustache cynically. And so the long day wore on. "

〔「いいえ、サー・ジャスパー・マーガトロイド」とエヴァンジェリンは ~~言った~~ かすれ声で言った、「仮に貴方が地上最後の男性だったにしても、私は貴方となど結婚しません。」「でも、私は地上最後の男ではないから、その問題は生じませんな」とサー・ジャスパーは口ひげを冷笑的な様

---

[1] 次の①に最初の口述部分、②に秘書による想像上の"口述"を「筆記された」形に直して示す。

子でひねりながら答えた。そうしてこの長い日はゆっくりと過ぎていった。〕

② Well, this beats me. How, with homes for the feeble-minded touting for custom on every side, has a man like this succeeded in remaining at large?"
〔やれやれ、嫌(いや)になるわ。どうして、知的障害者の養護施設が各方面に得意先をしつこく求めているというのに、こんな男がうまいこと野放しになっているのかしら？〕

疑問符は「直接疑問文」に使う。

What is the capital of Belgium?
〔ベルギーの首都はどこですか？〕

Have you been there?
〔そこへ行ったことがありますか？〕

Did you find the people very strange?
〔そこの連中を非常に奇妙だと思ったのですか？〕

疑問文が引用符の中に入っているときも疑問符が必要だ。

"Did you try the moules and chips?" he asked.
〔「フライドポテト付きのムール貝を試したかい？」と彼は

訊いた。〕

だが「間接疑問文」の場合には疑問符は要らない。

> What was the point of all this sudden interest in Brussels, he wondered.
> 〔ブリュッセルにこんなに突然興味を抱くとはどういうわけだろう、と彼は不思議に思った。〕

> I asked if she had something in particular against the Belgian national character.
> 〔私は彼女にベルギー人の気質に何か特別の反感を感じているのかと訊いてみた。〕

間接疑問文を内蔵する文に疑問符を付ける人々（無知もいいところだ）が増えつつあり、これを見ると気が滅入る。でも原因は簡単だ。この20年間にBBCの人気ドラマ『隣人たち』（*Neighbours*）の視聴者だったティーンエイジャーたちが伝染されてしまった有名な上昇調イントネーションがいけないのだ。むかしはみんなyou know?〔判る？〕とかknow what I'm saying?〔私の言ってること判るでしょ？〕などをセンテンスの終わりに付けた。今ではこうしたことばを使うのも面倒になり、疑問符だけを付けるようになった。時間の節約ってわけね。何でも尻上がりに言えば疑問文になる？　私は平叙文のことを話している？　このしゃべり方は気に障

る？　でも少なくともこれは疑問符の命を救うんだから、全面的に悪いわけじゃない？

　ところで、疑問符をどっち向きに印刷するかという問題は、かつては読者が思うほど簡単ではなかったのだ。伝統的な向き、つまり曲線部を右に持ってくるやり方は、耳の後ろに手のひらを当ててそれまでの文の内容に聞き耳を立てる感じがして自然に思える。もっともわれわれがこの方式に慣れ親しんでいるからに過ぎないのかもしれないが。だが人々はずっと疑問符の向きをいろいろいじくってきたのである。16世紀にはヘンリー・デナムという印刷者が、修辞疑問文の場合は（答えを要求する疑問文と区別するために）疑問符の向きを逆にするという洒落たアイディアを出したのだが、誰も飛びつかなかった。ほかの印刷者が「修辞疑問文？」、「修辞疑問文て何だ？」「今言ってるのが修辞疑問文かな？」と確信無げにつぶやきながら結局答えに到達できなかったさまが想像できる。ところが1754年にはスペイン王立アカデミーがすばらしく壮麗なアイディアを承認した。文末の疑問符・感嘆符の補強材として文頭にそれぞれ上下を逆にしたものを付けるという方法である。

　¡Lord love a duck!〔こりゃ驚いた！〕

　¿Doesn't Spanish look different from everything else now we've done this?
〔この方法を採ったからにはスペイン語は他のどんな言語と

も違って見えるでしょう？〕

　これはなかなか良い方式である。どうやらビル・ゲイツは逆向きの疑問符をマイクロソフト社のワープロソフトから除去することは断じてさせないという個人的保証をスペイン・アカデミーに与えたと見える。ビル・ゲイツにとってはほんの思いつきかもしれないが、何億というスペイン語話者にとっては福音だ。一方、ヘブライ語での疑問符の扱いはわれわれのそれと同じだ。もっともヘブライ語は右から左へ書くのだから、理屈を言えば逆向きになるべきだが。『マイ・フェア・レイディー』のヒギンズ教授が歌う Arabians learn Arabian with the speed of summer lightning/ The Hebrews learn it backwards, which is absolutely frightening.〔アラブ人はアラブ語を夏の稲光のような速さで覚えるし、ヘブライ人はそれを逆向きに習うのだから、まったく以て驚きだ〕を覚えている？　だからヘブライ語には興味深い気まぐれな知覚的問題があることになる。疑問符がわれわれのそれと同じ方向を向いているのだから、後ろ前なわけだ。

　ガートルード・スタインは、容易に予測されるとおり、疑問符のファンではなかった。読者も——私と同じように——スタインの家庭に何か問題があったのではないかと思い始めているんじゃない？　それはともかく、スタインはすべての句読点の中で疑問符は「最も完璧に面白みのない代物」だと言っていた。

質問をするときは質問していることが明白なのだし、少しでも字が読める人なら、質問が質問であることは判る〔中略〕前から疑問符は使いたくなかった。疑問符というのは断然不愉快な記号だ。だから今では疑問符を使う人はごく少ない。

　スタインがこの所見を書いたのは 1935 年のことである。すでにその当時、彼女が疑問符は消え去ろうとしていると考えていたのは興味深い。疑問符に関する倫理の中で育ったわれわれは直接疑問文が疑問符なしで書かれているのを見ると文字通り身震いがする。たとえば映画 *Who Framed Roger Rabbit*〔邦題『ロジャー・ラビット』〕がそうだ。疑問符抜きの疑問文がこうしてだらしなくぶら下がっているのを見ると、子供がお行儀を取り戻すのを待っている昔風の校長先生のような気持ちになる。「それで？」と私は言いたくてしようがない。「そのあとは？」例の Can you spare any old records. は今でもあのチャリティー・ショップの窓に出ている。しかも今度は手書きでなく、印刷されているのだ。あの店を通るたびに気が狂いそうになる。一方、キングズリー・エイミスがその著『標準英語』で指摘しているとおり、多くの人が May I crave the hospitality of your columns...〔貴方のコラムに掲載をお願いしたく…〕という書き出しでセンテンスを始めるのだが、長いセンテンスを書くのに夢中になってしまい、疑問文で始めたことを忘れて最後にフルストップを使ってしまうのだ。

こういう書き方をすると、興味を感じた読み手——そういう人がいるとして——が元へ戻って書き手がともかく直接疑問文でセンテンスを始めていることを確認するのを余儀なくさせるばかりでなく、書き手が自分のような人間が編集者のような人間に丁重な要請文を書くのは不必要な礼儀だと考えているという、不愉快でかつおそらく事実を反映した印象をかもし出してしまうのだ。

ついでだけど、「そういう人がいるとして」というのは素晴らしい脇ぜりふね。

　印刷上の慣習の中で客観的な意味を持たないもののうちでも、たいていの人に不思議がられるのはイタリック体の使用法である。イタリック体はいったいどういう働きをするのか？　イタリック体が発明されたのは15世紀のことだが、それ以来ずっとイタリック体はロマン体の中に混入させて使われ、それで書かれた単語を周りの単語よりも際立たせ、特別なものとして表す役を果たしてきた。この章でこれまで扱ってきた句読点は、実のところ文法とは無関係のものばかりだった。それらはみな話しことばの音楽的要素を記号によって表すことに関係している。イタリック体はわれわれのためのある目的に奉仕するために発達してきたのだが、われわれはその目的をあまり意識せず、よく吟味しようという気にも

ならない。イタリック体に出会ってびっくり仰天し、「待てよ、この書き方は不安定になってるぞ」などと思う経験をしたことはないでしょ？　実際私たちはみな、イタリック体はアンダーラインの代わりとなる字体であり、次の目的に使われることを知っている。

1．書籍、新聞、アルバム、映画の題名。
　　例：（残念だけど） *Who Framed Roger Rabbit*
2．ある種の語を強調する。
3．外国語の語句用。
4．言語について語る際の例文や例語。

われわれは黒地に白で字を書くような馬鹿げた習慣、つまり文全体がイタリック体で書かれているときにはその中のキーワードをロマン体にする方式〔原文：*...when a whole sentence is in italics, you use* roman type *to emphasise a key word inside it.*〕さえ受け入れている。イギリスの新聞のあるもの、ことに『ガーディアン』紙は見出しからイタリック体を排除した。これは私の知る限り読者の生活をより一層困難なものにしており、それに対する見返りは何もない。ただ、感嘆符の場合と同じように、イタリック体を強調のために使うのはほどほどにすべきである。理由の一つは強調のためのイタリック体は文体がうまく書けなかったことを告白するものであり、もう1つの理由は、読者が印刷物のページを開いたとき、まず無意識にイタリック体で書かれた部分

に目が行ってしまい、そのあとようやく左上の端から本格的に読み始めるという可能性があるからだ。キングズリー・エイミスの息子で文筆家のマーティン・エイミスは、1983年の『オブザーヴァー』紙上で、アイリス・マードック（1919-1999）の小説『哲学者の弟子』（*The Philosopher's Pupil*）を書評して、語り手「N」を批判している。「N」はいろいろな点で読者をいらいらさせるとエイミスは言い、イタリックを多用しすぎる文筆家はどういうことになるかを説明している。

> 「N」は引用符偏愛だけでなく、省略、ダッシュ、感嘆符、イタリック体を偏愛している。ことにイタリック体についてそれが甚だしい。どのページも半ダースものアンダーラインでしわだらけになっているが、これは通常、文体を十分に練れなかったことの確実な証拠である。この本からイタリック体だけ拾い上げてロマン体部分を除去すれば、いらついた、シュールレアルな（そしてずっと短い）新版を作ることができるはずだ。それは次のようなものになろう。
> 　*深い、重要な、恐ろしい、ひどい、むかむかするような、断然嫌悪すべき、罪悪、秘密、映画に行く、長い散歩に出かける、まったく別のこと、まったく新しい方法、歴史家になる、哲学者になる、もう決して歌わない、ステラ*〔人名〕、*嫉妬して、幸せな、礼儀知らず、大馬鹿者、神、キリスト、気の触れた、狂った……*

』格好を付けて　　**181**

マーティン・エイミス『決まり文句に対する戦い』
（*The War Against Cliche*, 2001）に収録

　ずいぶんひどいことを言うのね、エイミスも。でもおかげで私たちはマードックのこの本を読む煩わしさから逃れられたことになるわ。

’

　息子の方のエイミスは『哲学者の弟子』の引用符が読者をいらいらさせると言ったが、本当の引用を示す引用符使用に異を唱えたわけではない。逆コンマ（別名「話しことばマーク」、つまり引用符）は潔癖症の文筆家によって言語上のゴム手袋として使われる。つまり、引用符なして使うには自分があまりにも洗練されすぎていると考えられる俗なことばや決まり文句から距離を置く手段として逆コンマを使うのだ。アイリス・マードックの小説の語り手「N」は、keep in touch〔連絡を絶やさないようにする。〈しばらく会わないことが予想される知人などに別れを告げるときの決まり文句〉〕という語句を衛生上引用符の中に密閉することなしに使う気にはならなかったのだろうし、またおそらく自分のアイロニーを、顔の両側に両手の指を曲げて立てる身振り〔口頭で語るとき「この語は引用符付きだと理解してほしい」旨を伝える仕草〕で示したかったに違いない。新聞では、似た用途で使われる逆コンマは「注意の引用符」として知られている。例と

しては BRITAIN BUYS 'WRONG' VACCINE〔英国 '間違い' ワクチンを購入〕、ROBERT MAXWELL 'DEAD'〔ロバート・マクスウェル氏 '死亡'〕、DEAD MAN 'EATEN' IN GRUESOME CAT HORROR〔陰惨ネコ・ホラーで人の遺体 '食われる'〕などがある。こうした引用符（通常二重でなく、一重のものが使われる）を見ると、読者はこの記事にはかなりの信憑性があり、おそらくニュースソースも明らかにしようと思えばできるのだが、新聞自体はまだ事実として報道するつもりではないのだな、と理解する。どうやらこの逃げ道的引用符には法律的免罪符としての効果はないらしい。ある人物についてその人が「'うそをついて' いる」と書いても、法律上は「彼はうそをついている」といったのとほとんど同じことになるし、われわれはみな死んだ男は間違いなく気味の悪いネコどもに食べられてしまったのだということを知る——そうでなければ誰もその可能性を報道するはずはない。興味深いのは新聞の見出しに関するこの慣習が、かなり大規模なチェーン店式スーパーで見かける 'PIZZAS' などという広告とどういう関係になっているかである。新聞の見出しになれているわれわれは、'PIZZA' という広告を見ると、それはピザなんだろうけれども、誰もそうだとは保証していないし、実はボール紙の上にチーズを少々載せたものを渡されても、前もって警告を受けていなかったと主張することはできないような気がしてしまう。

　引用符の使用については無知が蔓延・跋扈している。商品のカタログを見ると、その会社のパイナップル輪切り機は

works just like a 'compass'〔まるで「羅針盤」のように働く〕と書いてある。なぜなの？　なぜ引用符抜きで just like a compass じゃいけないの？　ここには深刻な認知的問題が浮かび上がっている。ものを書くとはどういうことかについて完全な誤解があるのだ。マンチェスター・メトロポリタン大学の準教授で子供が句読法を学んでゆく過程を研究しているナイジェル・ホールが語ってくれたことだが、ある男の子が、誰かの話しことばの引用であろうとなかろうと、引用符をむやみにちりばめた作文を出してきた。なぜそんなことをしたと思う？「だってこの作文は全部僕の言っていることだもん」とこの子は説明したそうだ。こんなに純情無垢な論理に反論するのはさぞかし骨の折れることだったろう。思うに、'PIZZAS'などと書く連中は、同時に 'NOW OPEN SUNDAYS'〔「日曜も営業することになりました」〕、'THANK YOU FOR NOT SMOKING'〔「たばこはご遠慮願います」〕などの標示をショーウィンドウに掲げる連中であるわけだが、この人々は上の少年と同じ症状を呈しているわけだ。この人たちは、こういう標示を出して宣言を行っている以上、そのことが論理から言って文字の上にも反映されるべきだと感じているのだろう。だってこれはみな「俺たちの言っていること」なのだから。

　われわれは自分たちの引用符の近代的使用法にあぐらをかいているけれども、引用符は長い時間をかけて進化してきたものであり、こののちもむろん進化していくはずだ。だから我々もいい気になってはいられない。18世紀初めまでのイ

ギリスでは、引用符は金言・警句の類に注意を惹くためにだけ用いられていた。1714年に誰かが言ったことを直接引用する際に引用符を使うというアイディアを誰かが出した。そしてヘンリー・フィールディングの『トム・ジョーンズ』初版が出た1749年には、引用符は印刷者の手によって、誰かが話したことばを包み込むためと、行の左端に置いて話しことばが続いていることを示すために用いられるようになった。

> Here the Book dropt from her Hand, and a Shower of Tears ran down into her Bosom. In this Situation she had continued a Minute, when the Door opened, and in came Lord *Fellamar. Sophia* started from her chair at his Entrance ; and his Lordship advancing forwards, and making a low Bow said, ' I am afraid, ' Miss Western, I break in upon you abruptly.' ' 'Indeed, my Lord,' says she, ' I must own myself a ' little surprised at this unexpected Visit,' ' If this Visit ' be unexpected, Madam,' answered Lord *Fellamar*, ' my Eyes must have been very faithless Interpreters ' of my Heart...'
>
> 〔ここでその本は彼女の手から落ち、滝のような涙が彼女の胸に落ちた。彼女はしばらくこのような状態でいた。するとドアが開いてフェラマー卿が入ってきた。ソフィアは彼の入室に驚いて椅子から立ち上がった。フェラマー卿は

前へ進んで来、深くおじぎをして言った。「失礼いたしました、ウェスタン嬢。突然お邪魔をして。」「本当に、フェラマー様、」と彼女は言う。「確かに予期していないときにいらっしゃったので少々驚きました。」「もしこの訪問が予期せぬものであるなら、」とフェラマー卿は答えた。「私の眼は我が心の実に不忠実な通訳であったことになります…」

18世紀以降われわれは引用符使用法を標準化してきた。ただ、標準化には一定の限度があった。読者は小さい頃から「ダブルかシングルか」はベッドやテニス、そしてウィスキーだけに関わる問題ではないという考えに慣れる義務がある。われわれは二重引用符と一重引用符に毎日お目にかかっているが、両者を同一視しその差を考えないようにしている。しかし、二重引用符は発話の引用に使い、一重引用符は引用の内部の引用に用いるよう訓練されてきた私は、この規則が逆に適用されているのを見ると悲しい。誰かが"out of sorts"（これは直接引用）であると言うのと、'out of sorts'（つまり、「気分がすぐれない」）と言うのとでは違いがある[訳1]のだが、一重引用符が両方の機能を持つとこの違いがなくなってしまう。それに、あの気の毒なアポストロフィについてすでに人々のあいだに混乱が生じているので、一重引用符で始まるセンテンスの4番目か5番目あたりの語にアポストロフィがついていると、混乱の元となる。アポストロフィを引用の終わりを示す引用符だと自動的に思ってしまうか

らだ。

> 'I was at St Thomas' Hospital,' she said.
> 〔「私はセント・トマス病院にいました」と彼女は言った。〕

アメリカの使用法とわれわれのそれとの間にも大きな溝がある。アメリカ人は常に二重引用符を使うし、アメリカの文法家はセンテンスの終わりに引用符で囲まれた語句が来た場合も、すべての休止符がきちんと引用符より前にきちんと来なければいけないと主張する。このやり方が理にかなっていない場合でも、だ。

> Sophia asked Lord Fellamar if he was "out of his senses". (イギリス式)
> Sophia asked Lord Fellamar if he was "out of his senses." (アメリカ式)
> 〔ソフィアはフェラマー卿に貴方は「気が触れている」のですかと訊いた。〕

直接引用が行われる場合、いつ、どこに他の句読点を入れるかはある人々にとっては非常に煩わしい問題なので、基本的

🐼1 Mary said, "John is out of sorts."ならメアリはジョンの気分がすぐ入れないことを事実として伝えていると察せられるが、Mary said, "John is 'out of sorts'."だとメアリはジョンが本当に気分がすぐれないのかについて十分確信を持っていないという印象を受ける。

な規則を次に挙げよう。

誰が発話したかを文の終わりに示す場合は、コンマを引用符の内側に入れる。

> "You are out of your senses, Lord Fellamar," gasped Sophia.
> 〔「貴方は気が触れておいでです、フェラマー様」とソフィアはあえぎ声で言った。〕

発話の主(ぬし)を文の初めで示すときはフルストップを引用符の内側に入れる。

> Lord Fellamar replied, "Love has so totally deprived me of reason that I am scarce accountable for my actions."
> 〔フェラマー卿は答えた、「愛が私の理性を完全に奪ってしまったので私は自分の行動に説明責任がほとんど果たせないのです。〕

発話がそれ自身で独立に存在しているときも、フルストップは引用符の内側に来る。

> "Upon my word, my lord, I neither understand your words nor your behaviour."

〔フェラマー様。はっきり申し上げて、貴方の仰有ることもなさることも私には理解できません。〕

言われたことの断片だけが引用されている場合は、句読点は引用符の外側に置く。

Sophia recognised in Lord Fellamar the "effects of frenzy", and tried to break away.
〔ソフィアはフェラマー卿の中に「狂気の徴候」を見、体を振りほどこうとした。〕

引用文が疑問文や感嘆文であるとき、休止符は引用符の内側に来る。

"Am I really to conceive your Lordship to be out of his senses?" cried Sophia.
〔「貴方様が気が触れておいででだと思って本当によろしいのですね？」とソフィアは叫んだ。〕

"Unhand me, sir!" she demanded.
〔「手をお放し下さい！」と彼女は要求した。〕

だが質問が話し手によってではなく文自体によって発せられているときは、疑問符は引用符の外に出る。

Why didn't Sphia see at once that his lordship doted

❟ 格好を付けて　189

on her "to the highest degree of distraction"?
〔ソフィアは、フェラマー卿が「最高度の乱心」に至るまで彼女に夢中になっていたことをなぜすぐに見抜けなかったのだろう？〕

引用部分がフルストップ（あるいは他の休止符）を必要とする完全なセンテンスで、かつたまたまそれを含む文全体の最後に置かれる場合は、引用符の内側に置かれるフルストップが双方の役を兼ねる。

Then fetching a deep sigh [...] he ran on for some minutes in a strain which would be little more pleasing to the reader than it was to the lady; and at last cocluded with a declaration, "That if he was master of the world, he would lay it at her feet."
〔そして深いため息をつくと（中略）彼はしばらくの間懸命に走り続けた。その懸命さは読者にとって楽しいものでないと同様、その女性にとっても楽しいものではなかった。そしてつぎのような宣言で最後を締めくくった。「彼が世界の帝王であっても、彼はそれを彼女の足下に置くであろう。」〕

こうした基本的な規則は単純であり論理的だ。句読点が引用された部分に関わるときは引用符の内側に入り、センテンスに関わるものであるときは外側に出る。もちろん、あなた

がアメリカにいるなら別ですけどね。

、

　これまでこの章では、句読法のうちでも読者が頭の中で語をいろいろに変化させ、単純に強調化する働きを持つものを扱ってきた。

　　Hello!　　　〔感嘆符〕
　　Hello?　　　〔疑問符〕
　　Hello　　　〔イタリック体〕
　　"Hello"　　　〔引用符〕

しかし古典的訓練を経てきた俳優に訊けば誰でも教えてくれるとおり、強調のために声を低くすることは声を張ることと同じぐらい効果を持つものなのだ。詩人その他の文筆家もそれを心得ている。そしてここでダッシュやカッコが登場するのだ。どちらの記号も、それとはっきり判る形でことばの音量を抑え、声の調子を平板にする。ところが慎重な用い方をすれば、これらの記号は１ページ半ものイタリック体を使うよりも、主眼点を明瞭にする上で大きな効果をあげるのだ。文学作品に用いられたダッシュの例をいくつか挙げよう。

　　He learned the arts of riding, fencing, gunnery,
　　And how to scale a fortress—or a nunnery

Byron, *Don Juan*, 1818-1820

〔彼は馬術、剣術、砲術を学び、そして砦の攻め上り方も学んだ——尼寺の攻め方も。

バイロン「ドン・ジュアン」〕

Let love therefore be what it will,—my uncle Toby fell into it.

Laurence Sterne, *Tristram Shandy*, 1760-67

〔それゆえ恋はその赴くままにさせるがよい——我が叔父トウビイも恋に陥ちた。

ロレンス・スターン「トリストラム・シャンディ」〕

Because I could not stop for Death—
He kindly stopped for me—
The Carriage held but just Ourselves—
And Immortality.

Emily Dickinson,
"Because I could not stop for Death", 1863

〔私は死のために停まれなかったので——

向こうが親切に私のために停まってくれた——

馬車の中には私たちだけ——

そしてあとは不死。

エミリー・ディキンスン
「私は死のために停まれなかったので」〕

ダッシュは当今では文法の敵と見なされている。理由の一つは意図的に体系を崩された思考がたいていのEメールや（携帯電話による）文字伝達のお定まりであり、おまけにダッシュはこういう場面で他のすべての句読点に代わりを嫌になるほど見事にやってのけるからだ。I saw Jim — he looked gr8—have you seen him—what time is the thing 2morrow—C　U　there.〔ジムに会った——元気そうだった〈gr8　→　gr＋eight　→　great〉——あいつに会ったか——あしたのあれ何時だっけ〈2morrow　→　two＋morrow　→　tomorrow〉——じゃそこでな〈C U　→　see you〉〕なぜダッシュは人気があるのか？　まず使いやすいということがあるのだろう？　ダッシュの使い方を間違えるということはあり得ない。それに、単純な理由だが、見やすいということもある。フルストップやコンマは現代の活字ではごく小さいことが多い。それに対して堂々とした水平のダッシュは見落としようがない。ところが、ちょうど感嘆符がむかしのタイプライターのキーボードで「好ましからざる人物」だったのと同じように、パソコンのキーボードでダッシュを捜しても徒労に終わることが多い。自分用にアップル社キーボードを使っているのだが、ダッシュもどきを作るためにはハイフンを2回打ちするというインチキをするほか無いと思い込んでいたため、何年ものあいだ「意識の流れ」的文章をつづるのをあきらめていた。1週間前にAltキーとハイフンを使うと本物のダッシュが打てることを発見したときは本当に我が生涯の最高の記念日となった。その一方、長くて太いダッシュとその

弟ハイフンとの違いは最近あいまいにされてきているようだから、解説の必要がある。ダッシュは一般的に言って句や文をつなぐ（あるいは分ける）ために使われるのに対して、小さないたずら坊主のハイフン（上で quasi-dashes〔ダッシュもどき〕、double-taps〔2回打ち〕、stream-of-consciousness〔意識の流れ的〕などに使われているが）の用途はダッシュと異なり個々の単語をを結びつけ（あるいは切り離す）ところにある。

　ダッシュというのは本質的に不真面目なのだろうか？　確かに大幅に使うと、ダッシュはグロテスクで過度に活発な愚かしさの印象を与える。これはジェイン・オースティンの『エマ』に出てくるいつも息せき切らしたおしゃべり女のミス・ベイツに例を見る。

"How do you do? How do you all do?—Quite well, I am much obliged to you. Never better.—Don't I hear another carriage?—Who can this be?—very likely the worthy Coles.—Upon my word, this is charming to be standing about among such friends! And such a noble fire!—I am quite roasted."
　〔ご機嫌よう。皆様ご機嫌よう——元気にしております。有り難う様でございます。いつにも増して元気でおります——またもう1台馬車の音が聞こえません？——どなた様でございましょうね？——きっとあの素晴らしいコウル様ご夫妻でございましょう——まあ本当に。こういうお友

達と一緒だとこうして立っておりますだけでも楽しうござ
いますわ！　それに何と素敵な火ですこと！——ほんとに
よく暖まりますこと。〕

　ダッシュがいつも愚かしいとは言えない。ダッシュという
名詞は dash という動詞（中英語〔1100年〜1400年頃の英
語〕の動詞で「叩く」「投げる」「壊す」などの意味を持った
dasshen に源を持つ）と同根であり、1本のダッシュがユー
モア、アンティクライマックス、ショックなどをもたらす劇
的な分裂を引き起こす。「待っててごらん」と1本のダッシ
ュは、貴方の運が良ければ、目をきらきらさせながら言って
いるようだ。バイロンは劇的効果のあるダッシュを使う名人
だった。

A little still she strove, and much repented,
And whispering "I will ne'er consent"—
                                    consented.
〔少し静かに彼女は抗った、そして悔やんだ、
　そして「決して同意いたしません」と小声で言った——
　　　　　　　　　　　　　　　　　　同意した。〕

　コンマでは、このような場合、期待した効果は挙げられな
い。特に韻律の関係から言って時間不足になってしまうから
だ。一方、エミリ・ディキンスンのダッシュに対する異常嗜
好は彼女自身のシナプスを見る鏡であって、「類比の飛躍と

事前の認知の閃光」を象徴していると言われる。もちろんその通りかもしれないし、または、ディキンスンは誰かがダッシュ以外のすべての句読点キーを残酷にも取り外してしまったタイプライターを使っていたのかもしれない。

　ダッシュを2本使うのはまた別の話だ。カッコと同じ役割をしているわけで、問題はどういうときにカッコを、どういうときに2本ダッシュを使うかである。その違いはなかなか微妙なのだが、次の2つを比べてほしい。

He was (I still can't believe this!) trying to climb in the window.

He was—I still can't believe this!—trying to climb in the window

〔彼は、今でも信じられないのだが、窓から入ろうとしたんだ。〕

どちらか一方の方が他方より好ましいだろうか？　両方を声に出して読んだのでは違いは判らない。だが印刷されると、私の考えではカッコは挿入文を半ば排除しようと言うか、半分抑圧するように見えるのに対し、ダッシュの方は両手を拡げて挿入文を歓迎しているように思えるのだ。

　カッコには様々な形、タイプ、名前がある。

1．丸ガッコ（われわれイギリス人は brackets と呼ぶが、アメリカ人は parentheses と呼ぶ。）

2．角ガッコ［われわれは square brackets と呼ぶが、アメリカ人は brakets と呼ぶ］
3．中ガッコ ｛brace brackets [1] 見るとおりの形で、数学から来た。｝
4．山パーレン [2] 〈angle brackets 古文書学、言語学、その他技術的専門分野で使われる。〉

最初に現れたカッコは山パーレンである。だが 16 世紀にオランダの人文学者エラスムスが丸ガッコに、その半月のような輪郭にちなんで lunulae〔月形〕という魅力的名前を与えた。bracket という単語は（心の奥底ではご存じと思うが）本棚などを支える腕木を指した。ものを書くときにカッコは文の一部を持ち上げて他の部分より 1、2 フィート高く保持する役割を果たすのだから、この話は理屈にあっている。ただ、読む側としては、この持ち上げ・保持はそう長くは続かない。カッコが開かれると、ある程度の不安が始まり、その不安はカッコが間違いなく閉じられまでは消えないからだ。アメリカの医師、詩人、ユーモア作家のオリヴァー・ウェンデル・ホウムズ（1809-1894）がいみじくも言ったように、「カッコに出会うたびに、読み手はそれまでの考えからいったん下馬し、あとでまた鞍にまたがり直さなければならない」のである。実質的な内容を持った部分をすべて

---

[1] braces, curly brackets とも言う。
[2] マツバ（松葉）とも言う。

カッコの中に入れてしまうような文筆家は、自分たちが読み手に課している実存的悩みを理解し得ないのだろう。カッコが左側のページの中程から始まり、閉じるカッコがそのページのどこにも見あたらないと、めまいがしてしまい、実存主義作家、ジャン＝ポール・サルトル（1905-1980）の劇の中にいるような気がしてしまう。

　とは言っても、カッコの正当な用法はたくさんある。第 1 は情報を追加したり、明快にしたり、説明したりする役割である。

Tom Jones (1749) was considered such a lewd book that, when two earthquakes occurred in London in 1750, Fielding's book was blamed for them.
〔『トム・ジョーンズ』（1749 年刊）は大層みだらな本だと考えられていたので、1750 年にロンドンで地震が 2 回起こったときは、フィールディングの本のせいだとされた。〕

Starburst (formerly known as Opal Fruits) are available in all corner shops.
〔スターバースト（以前はオパール・フルーツとして知られていた）はどこの雑貨屋でも買える。〕

Robert Maxwell wasn't dead yet (he was still suing people).
〔ロバート・マクスウェルはまだ死んでいなかった（相変わ

らず訴訟を起こしていた)。〕

第2に、カッコは書き手がいろいろな脇ぜりふを挿入する手段として最適である。

> The exclamation mark is sometimes called (really!) a dog's cock.
> 〔感嘆符は犬のオチンチンと呼ばれることがある(本当の話!)。〕

> *Tom Jones* was blamed for some earthquakes (isn't that interesting?).
> 〔いくつかの地震が「トム・ジョーンズ」のせいだとされた(興味深い話ではないか!)〕

角ガッコはまったく別物だ。編集者が引用文の語句をまったく変えることなく意味を明確にするときに用いる。

> She had used it [*Tom Jones*] for quite a number of examples now.
> 〔彼女はそれ[『トム・ジョーンズ』]をそれまでに何回となく例に用いたことになる。〕

言うまでもなく引用された原文には it としか書かれていないのだが、編集者は対象をもっと特定的にするために角ガッ

コ内に情報を挿入するわけである。また、it を削ってしまっても構わない。

> She had used [*Tom Jones*] for far too many examples by this stage.
> 〔彼女はその時点までに [『トム・ジョーンズ』] をあまりにも多く例として使いすぎていた。〕

角ガッコが最も頻繁に使われるのは、*sic*〔ママ〕という語(ラテン語で「元のまま」を意味する sicut から来たもの)を入れるのに用いられる。*sic* はそれを付けられた語が誤りであるらしいことを示す。一般に *sic* の意味するところは「この誤り(あるいは誤りと思われるもの)は私が引用している文筆家・話し手が犯したものですよ。私はこのことばの忠実な伝え手に過ぎません。実のところ私はこんな誤りはしませんよ」である。

> She asked for "a packet of Starbust [*sic*]".
> 〔彼女は「スターバ̆スト̆を1箱」下さいと言った。〕

書評者はとりわけ *sic* が好きだ。*sic* は彼らを非常にいい気持ちにさせる。というのは、これが意味するところは「さあ、この誤りらしきものを見つけたぞ。有り難い。だから何かを書き込む必要はないわけだ」だからだ。なお、*sic* 内部にも区分がある。2つの使い方があるのだ。

1．これは実は間違いではないのですよ。ちょっと見ると間違いのように見えるだけです。

I am grateful to Mrs Bollock [*sic*] for the following examples.
〔以下の例を教えてくださったことに対し、金玉(ママ)夫人に感謝します。🐼1〕

2．へっへっへ、なんてひどい間違いだ！　でもこれを直してやったら、私は不正直を働くことになる。

"Please send a copy of *The Time's* [*sic*]," he wrote.
〔〈意訳〉「朝詩(ママ)新聞を1部送って下さい」と彼は書いた。〕

　角ガッコはまた、（ときおり）省略された部分があることを示すのに使われる。つぎが例。

But a more lucky circumstance happened to poor Sophia: another noise broke forth, which almost drowned her cries [...] the door flew open, and in came Squire Western, with his parson, and a set of myrmidons at his heels.

🐼1　ここでは説明の必要上敢えて用いたが、日本語の「ママ」にはこの使い方はない。

〔しかしもっと運の良い状況がソフィアに起こった。突然また大きな音がした。その音で彼女の泣き声もかき消されるほどだった［中略］ドアがさっと開けられ、ウェスタン氏が入ってきた。司祭を連れ、また家来たちを後に従えていた。〕

,

　最近聞いた話だが、博士号取得のために省略（つまり3つのドット）を研究している人がいるという。正直のところ、恐怖を感じた。省略というのは句読点という宇宙のブラックホールであり、まともな神経の人なら誰だってその中に吸い込まれたくないはずなのに。でもこの人は進んで吸い込まれて3年間も研究するんですって。3年後に職があるという保証もないのにね。でも少なくともこの論文が完成すれば、うわさ話というものが本当かどうか、小説家ヘンリー・ウッド夫人（1814-1887）の Dead ... and never called me mother!〔死んで…私のことをお母さんとは決して呼ばなかった！〕（同夫人の小説『イースト・リン』の舞台版のせりふ）が本当に「...」の初出なのかどうかを教えてもらえるでしょう。新聞はときどき省略記号をダッシュと同じように使う...これにはいらつくわ...なぜなら「...」の本来の用法は限られていて、非常に数少ないんだから。

1．引用された文章から…単語が抜け落ちていることを示す。
2．余韻を残しつつ話を終えるとき…。

たしかに、何であるにせよ良い終わり方だ――余韻を残しつつ、というのは。昔風の、省略を示す3つの点で章を終えるやり方から生ずる色っぽい余韻（「彼は彼女を両腕の中に抱え入れた。彼女には抗う力とて無かった。彼女の心にはこの人を愛しているという気持ちしか浮かばなかった…」）の力を考えれば、この省略記号をダッシュの下位変種として使うのは冒瀆だと思える。さて省略記号に関わる話は喜劇作家・俳優のピーター・クックで締めくくろう。クックとダッドリー・ムアの作になるBBC第2チャネルのコメディー『それだけでなく』（*Not Only But Also*）のピートとダッドのやりとり（1966年）である。（私の記憶では題名自身に省略記号があった、つまり *Not Only...But Also* だったはずだが、現在この番組が言及されるときは…がなくなっている。今ではもう信頼できるものは何もないってことね。）ともかく、ピーター・クックが3つのドットについて考え込む場面は、トム・ストッパード作の滑稽劇『ハウンド警部補の実像』（*The Real Inspector Hound*）の中の二人の劇評家ムーンとバードブートが芝居を休止で始められるかどうかを議論する場面と同様、諦観的契機である。ピートはネヴィル・シュートの小説『アリス・スプリングのような町』（*A Town Like Alice*）の中で赤銅色の肌をしたパイロットがほ

こりっぽい滑走路で1人の女性の方へ歩み寄る場面を語る。女性の、素晴らしい輪郭を持った「胸ふくよかな中身」は、降りしきる雨と、そして男のプロペラが発する「ものすごい強風」のお陰で、薄いポプリンのドレスの中にくっきりと浮き出ている。

 ダッド：それからどうなったんだい、ピート？
 ピート：そのう、赤銅色のパイロットが女のところへ行って、二人は歩み去るんだ。で、その章は3つのドットで終わってる。
 ダッド：その3つのドットは何を意味してるんだい、ピート？
 ピート：うーん、シュートが使うと3つの点はどんな意味にもとれるんだ。
 ダッド：お父さんは元気かい、とか？
 ピート：シュートがこの3つのドットを使うときは、「自分の想像力を使ってごらん。どんな場面になるか自分で生み出すんだ」っていう意味なんだ。（しばし沈黙）3つのドットを見るたびに僕はとても変な気持ちになるんだ。

ハイフン——あまり使われない句読記号

　句読点に関して述べられた最も深遠なことばの一つが、ニューヨークのオクスフォード大学出版局で使われていた昔の印刷形式ガイドブックにある。そこには「ハイフンのことを真剣に考え出すと、間違いなく気が狂う」と書いてある。確かにその通りだ。この本でもこれまではこのおチビさんの分類は出て来ず、今やっとこのごく短い、あとで思いついて付け足したような章で独立して扱うことになった。本当に変てこな記号よ、ハイフンてのは。昔からそうだった。人々がハイフン廃止論を唱えだしてからもう何年にもなる。アメリカ大統領ウッドロウ・ウィルソン（任期 1913-1921）は、ハイフンは「世界で最も非アメリカ的（un-American）なもの」と言ったし（でも un-American にはハイフンが要るわね）、チャーチルはハイフンのことを「どんなところでも、可能な限り避けるべき汚点」と呼んだ。けれどもハイフンをなくし

てしまうと必ず問題が起こる。extra-marital sex〔婚外セックス〕からハイフンを取ってしまうと extra marital sex〔夫婦間の余分なセックス〕となるわけだが、これはまるきり別物だ。ハイフンを求めて必死の叫びを上げている語句は山ほどある。little-used car〔新品同様な中古車〕、superfluous-hair remover〔むだ毛取り剤〕、pickled-herring merchant〔酢漬けニシン売り〕、slow-moving traffic〔渋滞している交通〕、two hundred-odd members of the Conservative Party〔200余人の保守党員〕からハイフンを取り去ってしまうと、それぞれ、「小さな中古車」、「むだ毛取り剤だが不必要なもの」、「飲んだくれのニシン売り」、「動いている遅い交通」、「200人の風変わりな保守党員」になってしまう。

ハイフンという名前は、多くの場合と同じようにギリシア語から来ている。文字や記号の空間的関係を示すためにギリシア人は何とたくさんの名前を考案したことか——語句を囲ったり、語句の下に何か付けたり、語句をつなげたり、語句を切り離したりするために！　われわれにとっては幸いなことだ。ギリシア語の名前がなかったら、われわれはすべての句読点に「つなぎ記号」、「半ダッシュ」等々を考案しなければならなかったろう。ハイフンの場合、その名前の由来となった句は「〜の下に」とか「〜の中へ」とか「一緒に」という意味を持っている。つまり、現在の実用的イメージから語源を知らずに想像するよりはずっと色っぽい名前だったわけだ。伝統的にハイフンは、理解を助ける目的から、単語をつなげたり、接頭辞〔anti-Communist〈反共の〉の anti など〕

と単語をつなげたりし、また、同じ目的から単語間に切れ目を入れるのに用いる。だから pickled-herring merchant は胸を張って歩けるし、coat-tail〔モーニング・えんび服などの上着の後ろすそ〕と書けば coattail と書いた場合と違って、発音できない単一の単語だと思われずに済む。これはみな謙虚なハイフン君のお陰である。

　英語に目下起こりつつある全般的変化については次の章で扱うが、この変化はもちろんハイフンの運命にも影を落としている。変化の一つは大昔の世界の「分かたず書き」に戻るのではないかという驚愕すべき、また危険きわまりない傾向である。「分かたず書き」では単語がみな猟犬のようにせきたてられてスペースを置くひまもなくつながってしまい「全部で1語」になり、文の初めの印である大文字もなければ理解の助けとなる句読点もない。こんなことが英語に起こった場合の唯一の救いは、もし書籍というものが今後20年かそこら生き延びるとしての話だが、年若い読者がジェイムズ・ジョイスを苦もなく読めるようになることだけだ。なぜならジョイスの使う snotgreen〔若生意気な〕とか scrotumtightening〔睾丸緊縮性の〕といった、ハイフン抜きの詩的複合語も彼らには日常的な語と感じられるだろうから。Eメール・アドレスもこの傾向にわれわれを馴致(じゅんち)させつつある。[1] インターネットの広告（たとえば GENTSROLE

---

[1] 例えば、訳者の属する The Honolulu Polo Club のアドレスは...@honolulupolo.com だ。訳者のアドレス kuiimai@... は「国井麻衣」さんという女性とのそれと思われかねない。

XWATCH!〔Gent's Rolex Watches：紳士用ロレックス腕時計〕）もそうだ。そのため、BBCからsoundstart〔健全な門出〕なるラジオドラマ新人発掘・養成企画の立ち上げについて参加を要請されたときも私は目をパチクリさせずに済んだ。むかしは「それ1語？　2語？　それともハイフンで結んである？」という質問をよくしたものだ。このうち3番目の選択肢は恐るべき速さで消滅しつつある。聞くところによると、Anthony Armstrong-Jonesなど、ハイフンでつづった姓を持つ二連銃のような人たちは、このごろ自分の名前の綴りを他人に判らせるのがまったく不可能になったという。というのも電話の相手がそもそもハイフンとは何かを知らないからだ。その結果この人たちは、Anthony Armstrong, Jonesとか、Anthony Armstong'Jonesとか、甚だしくはAnthony Armstrong Hyphenなどという名前の書かれたクレジット・カードを受け取る羽目になる。

　Hellohowareyouwhatisthisspacebarthingforanyidea.〔Hello. How are you? What is this space bar thing for? Any idea? やあ、元気かい？　このスペースバーとかいうのは何のためにあるんだい？　見当付く？〕のような書き方が普通になってしまうおぞましい世界に英語国が陥ってしまわぬ内に、ハイフンはどう使われるのかを見てみよう。ハイフンには正当な使用法がたくさんあるのだ。

1．生まれてこのかた酒を一滴も飲んだことのないニシン売りに世間がいわれなき中傷のことばを投げかけないようにす

るため。語の中には曖昧さ・誤解を防ぐためにハイフンを必要とするものがたくさんある。co-respondent〔「共同被告」：ハイフンがあると correspondent〈特派員〉との区別が付けやすい〕、re-formed〔後述〕、re-mark〔「採点やり直し」：remark は「所見」〕などがそれだ。再びグループとして復活した〔re-formed〕ロックバンドと、メンバーの入れ替えなどが行われた〔reformed〕ロックバンドとは大違いだし、永年の友人〔a long-standing friend〕と長いこと立っている友人〔a long standing friend〕とは異なる。大衆の代表的側面〔cross-section〕と大衆の中の不機嫌な連中〔cross section〕とでは意味が異なる。ところが、せっかく注意深くハイフンを付けても必ずうまく行くわけではないことを最近思い知らされた。『デイリー・テレグラフ』紙上で現代の句読法の実態を書いたとき、私は newspaper style-book〔新聞用の印刷様式マニュアル〕に言及した。ハイフンを入れたのは意味をはっきりさせるためだった（style book なるものを知らない読者もあると思ったのである）。そうしたら——信じられる？ 2人の読者がクレームを付けてきたのよ。あなたはハイフンの使い方を間違えている、と彼らは（嬉しくてたまらない様子で）言う。newspaper style-book などというものは存在しないのだから、あなたは news-paper-style book〔新聞式印刷様式で書かれた本〕のつもりだったんでしょう、と。今ここで書いておくが、このときほど癪に障ったことはない。「じゃあ、newspaper-style book って一体どういうものなのさ？」と私は叫んだ。「新聞式印刷

様式で書かれた本なんてものが家庭にあったらどんなふうに見えるのか言ってごらんなさいよ！」と。今だってまだ気持ちは収まらない。

2．数を数字でなく字で書くときにはハイフンが要る。thirty-two とか forty-nine がそうだ。

3．名詞と名詞、形容詞と形容詞をつなげるときにもハイフンを使う。London-Brighton train〔ロンドン・ブライトン間の列車〕や American-French relations〔米仏関係〕などがその例だ。植字工や印刷業者はこの目的で短いダッシュを使い、これは en-rule〔エンルール、半角ダッシュ〕として知られる。

4．昔ほど厳格に守られてはいないが、次のようなルールがある。stainless steel〔ステンレススチール〕のような名詞句がほかの名詞を修飾するために使われると、stainless-steel kitchen〔ステンレス・キッチン〕に見るようにハイフンが加わる。「なまこ板（波状鉄板）」は corrugated iron だが、「なまこ板葺きの屋根」は corrugated-iron roof である。ゲームの「後半」は second half だが、「後半の興奮」は secon-half excitement だ。『トム・ジョウンズ』は「18世紀」〔the 18th century〕に書かれたのだが、同書は「18世紀の小説」〔an 18th-century novel〕である。「7時」〔seven o'clock〕出発の列車は「7時の列車」〔the seven-o'clock train〕だ。

5．接頭辞のうちあるものは伝統的にハイフンを必要とする。un-American, anti-Apartheid〔反アパルトヘイトの〕、pro-hyphens〔ハイフンびいきの〕、quasi-grammatical〔準文法的な〕などが例。

6．ある語の綴りを言うときには、各文字を個々別々に発音して（あるいは心に描いて）もらいたいことを示すためにハイフンで区切る。K-E-Y-N-S-H-A-M〔イギリスの地名〕がその例。

7．「文字の衝突」という不快な言語的現象が起こった場合、あくまで便法だが、ハイフンを使う。いくら複合語が作りたくても、deice〔防氷する〕とか、shelllike〔貝がらのような〕のような不細工な形ができてしまうことがどうしても起こる。これらは de-ice、shell-like と書けば見場が良くなる。

8．ハイフンの主な用途の一つは、もちろん、行末でその語が終わりでなく、次の行まで続いていることを示すことにある。単語をどこで分けるかに関する無知は今や恐ろしいほどに拡がっているが、幸いこの本の目的はその点に深入りするところにはない。ただ、painstaking〔苦心惨憺した〕を行末と次の行頭に分けるのなら、

··pains-
taking··
であって、

··pain-
staking ··
ではないということだけ言っておこう。

9．言いよどんだり、どもったりするのを表すにもハイフンを使う。I reached for the w-w-w-watering can.〔私はじょ、じょ、じょ、じょうろを取ろうと手を伸ばした。〕

10．ハイフン付きの単語を言うときに、前もって範囲を拡げておこうというときは、He was a two- or three-year-old.〔彼は2歳か、あるは3歳の子供だった〕のように書く必要がある。

　しかし、こうした諸規則を心に浮かべてみたところで、ハイフンの命は風前の灯火であるという気持ちを抑えることはできない。ファウラーの *Modern English Usage* は30年も前にハイフンは「除くのが合理的である限りすべて」除くべきだと忠告しているし、2003年版の『オクスフォード英語大辞典』はハイフンが消滅に向かっているようだと言っている。アメリカの用法はハイフンを使わずに単語を直接つなげる複合語を造る方向に全員突撃！〔gung-ho〕の傾向にあるし（ということは gung-ho じゃなくて gungho かしら？）、

その一方、近頃ではハイフン使用法の混乱はその極に達し、イギリスの用法では精神異常とさえ言えるハイフン多用が生じている。特に top up とか kick off などの句動詞でのハイフン使用が目に付く。広告は Time to top-up that pension.〔あなたの年金を嵩上げする時期ですよ〕と呼びかけてくる。サッカーの記事を書く教育のない連中はゲームが午後3時に kicked-off〔キックオフになった〕などと書いて、どうやらそのあと叱られ〔be ticked off〕もされないらしい。『タイムズ』の本に関するウェブサイトには「ニコルソン・ベイカー、最新の犯罪小説を書き上げ〔rounds-up〕」と書いてある。しかし作家の方がハイフン使用を欲していて、その言い分を主張できる立場にいる場合はどうなるのだろう。ニコルソン・ベイカーはその著『思考のサイズ』(*The Size of Thoughts*) の中で、ある悪意のない編集・校閲係がベイカーの本の1つから原稿の段階で200 もの「罪もない、組み立て玩具のようなハイフン」を削除してしまったときのベイカー自身の審議結果を記している。アメリカの編集・校閲法は、ハイフン付きの複合語とハイフン無しの複合語に関して「志気を喪った混乱状態」に陥っている、とベイカーは書いている。このときベイカーは stet hyphen〔ハイフン　イキ〕(ハイフンを元通り残せ) と余白にあまり何度も書いたので、最後には stet hyphen を SH に省略するほどになった。

　この新しい原稿に取り組んで私はイキが切れそうになった。イキを連発して reenter を re-enter〔再び入る〕に、

postdoc を post-doc〔博士課程修了後の〕に、foot pedal を foot-pedal〔フット・ペダル：ワープロソフト、音楽、映像等パソコンの機能をより効果的に使用するための足踏み式用具〕、seconhand を second-hand〔中古の〕に、twist tie を twist-tie〔ビニールタイ〕に、pleasure nubbins を pleasure-nubbins〔楽しみの要点〕に、みなハイフン付きに直したのである。

　ベイカーが彼の楽しみの要点にハイフンを付け続ける権利を持つことを擁護するに決してやぶさかではない。そうですとも、その気があるなら一日中「ハイフン　イキ」をやってもいいのよ。ただ、ついでながら彼の言う「楽しみの要点」とは何を指しているのかは訊かないでいる方が良さそうね。
　締めくくれば、ハイフンの使用法は突拍子もない大混乱のさなかにあり、これからはもっと混乱したものになるだろうということだ。50年前には Oxford Street を Oxford-Street と、また tomorrow を to-morrow と書くことが正しかったことを考えれば、われわれのを闇から救い出す御光が最終的には射すことをお祈りするのが、唯一の正気な行為だと感じずにはいられない。興味深いことにキングズリー・エイミスは、fine tooth-comb という句について、独りよがりに文句を付ける人が、この句は fine-tooth comb〔入念な吟味〕と書かれるべきだと主張するのは間違いだと言っている。どうやらむかしは本当に tooth-comb〔目の細かい櫛〕というも

のがあって、細かさにもいろいろな程度があったらしい。これを聞くと安心するじゃない？　生きてると毎日何かしら新しいことが学べるのね。

,,,,,,,
ただの決まりきった印

　私は執筆の際、エリック・パートリッジの *You Have a Point There* の初版本(ロンドン大学図書館から借りたもの)を手許に置いているのだが、その 33 ページに、以前に借り出した人の手になる書き込みがある。そう、書き込み。もう何度もこの書き込みを見直しては思いを巡らせている。パートリッジは、17 世紀のコンマ使用法について詳述(「完全に発達した複文におけるコンマ」という項)し始めようとするにあたって、この場合には厳密な規則群をうち立てるのは難しい旨を説明している。「私の目標は読者の利便を図るところにあり、独善的な説を述べることではない。これから掲げる諸例を考察しよく吟味してほしい。平均的知力のある人なら、さして努力しなくとも、公式化されてはいないが実際の役に立つ規則群を、これらの諸例からくみ取り、消化することができるはずだ」というのが彼の説明である。この説

明について、名も知れぬかつての読者が、ページの上の隅に昔風の書法で「ナンセンス！　パートリッジの怠け者め！」と書き込んでいるのだ。

　この本を書きながら、パートリッジの著作にボールペンで書き込まれた感情の激発が常に私の心を離れない理由は二つある。一つにはパートリッジの書いていることがある人々にとって十分に網羅的でないからといって、私の方がより網羅的な扱いができるわけではないのは当然だからだ。だがもう一つの理由は、上記の激情的書き込みが *You Have a Point There* のページの中に50年もの間——つまり刊行時以来——埋もれていたという事実だ。このことは私の心を憂いで満たす。書籍というものの未来がどうなるかは幅も広く奥行きも深い問題で、この本でそれを深く掘り下げて考えるのは適切でないかもしれない。私たちは、本というものはもう死んでいて、どんなに頭の悪い子でもインターネットを通じて「何でも」見つけだすことができるようになった、という声を毎日のように聞かされている。しかし申し訳ないけれど私は口を挟まざるを得ない。なぜなら——これまでの章に書いてきたことからすでに明らかにされてきたと思うが——われわれの句読法は、印刷の時代に、印刷者の手によって生み出されたものであり、それが生き残るためには活字文化の権威が保持されなければならないからだ。われわれの句読法は印刷された一組の規約として存在している。その進化は、印刷というものの本質的な保守主義ゆえに、ゆっくりとしたものだった。句読法が効果をあげるには、読み手が活字で表現さ

れたページが持つさまざまなニュアンスを理解・賞味できることが必要条件となる。句読点にとって嬉しいことは、活字の時代は栄光ある時代であったし、500年以上にわたって権威を保ち続けてきたことだ。ところが句読点にとって悪いニュースは、活字の時代が今度の金曜日の午後5時半に正式の引退パーティーを催すことに決まっている点だ。

　句読法衰退の話になると、人々は「Eメールとケイタイの文字通信に責任があるんだ」と言う。それはまあ確かにそうだ。電子時代がことばに与えている影響は誰の目にも明らかである。たとえその影響が始まったばかりであり、究極的にどういう事態になるかは今のところ不透明でもあるにせよ、だ。

　「Eメールになると書き方が違ってくるんだ」と人々は言う。そのときの表情は霊感にうたれたというか、戸惑いながらも満足した顔だ。こういう顔つきは、以前ならば外国に拉致されたあと帰国したばかりの、夢想に満ちた人々にしか見られなかったものなのだが。「そうなんだ。ぼくはEメールになると書き方が違ってくる。特に句読法がね。ダッシュをしょっちゅう使ったっていいと思うよ。感嘆符もいいし、例のドット、ドット、ドットもオーケーだ」。

　「ドット、ドット、ドットじゃなくて省略記号(エリプシス)って言うのよ」と私は相手をさえぎって言う。

　「だってほかに書きようがないもの」とこういう人は続ける。「セミコロンなんて聞いたことがないみたいだ！　ドット、ドット、ドットでいいのさ！　それに誰だってそういう

🍐ただの決まりきった印　　219

書き方だもん」。

　今や書きことばにとって刺激的な時代となった。書きことばは権威上昇中の媒体に自らを適合させつつあるのだ。この媒体はまさしくこれまでに存在した書きことばの媒体中で最も直接的、普遍的、民主的である。ただ、ある人々にとってはこれはあまりにも急速に成長しつつあり、われわれとしてはあまり嬉しくない事実に直面しなければならないこともある。たとえば、すべてがうまく行くようにという願いからハインツ食品会社に対してAlphabetti Spaghetti〔アルファベッティ・スパゲッティ[訳1]〕に句読点〔この場合はハイフン〕を付けるようにというキャンペーンを張っても、今や手遅れである。

　われわれは印刷されたことば（だけでなく欄外の書き込みさえも含めて）の読み手として育ってきたので、読書という伝統的な活動が含んでいるさまざまな過程を自明のものとして見過ごしてしまう可能性がある。そこでこの際、確認をしよう。印刷された文は直線的に、つまり論理的かつ判りやすく提示される。文を構成している単語同士の関係を示し、全体の意味を伝える上で最大の働きをするのは文法である。読書は個人的活動であり、われわれは著者の声に頭の中で耳を傾け、著者の思考を翻訳してこちらの頭に移す。本を手に取ること自体が、理解という能動的探求に必然的につながってゆくのだ。本を手にしているとき、われわれはこれが著者が何かを後代へ伝えるために書いたものであり、その内容は今後も連続して存在し続けるのだということを知っている。印

刷されたことばは、われわれの手許に届く前に必ず編集され、活字に組まれ、校正されたものであることを知っているから、われわれはその、文書としての権威を尊重するのだ。その本を手に入れるためには（ほとんどの場合）金を払っているので、われわれには投資をしたという感覚と所有者であるという誇りがある。人並みに徳のあることをしているという感じがすることは言うまでもない。

　読書にまつわるこれらの条件は新しいテクノロジーによってすべて覆されてしまった。情報はもはや直線的・論理的に提示されるというよりは、各範囲にわたり次々に増加するさまざまな連想を通じてもたらされる。インターネットは公共の「空間」であり、人々はそこを訪れ、中にはそこに住みつく人もある。インターネットが生み出すものは本質的に非個人的であり、肉体から離脱している。ディスプレー上で文書をスクロールしていくことは読書の対極にある。目は固定されていて、読む対象の方が流れていくのだ。「対話」の機会がそろっているにもかかわらず、われわれはインターネット（でも **CD-ROM** でも何でもいい）がもたらす情報を完全に受動的に読むだけだ。なぜなら読書の場合と違って、興味深い連想的思考はこちらが行う前にすべてあちらが済ませているからだ。電子的な媒体というものは本質的に一過性のものであり、絶えず更新される可能性を持ち、いかなる 歴史的

　1　アルファベットの文字型パスタの入ったトマトスープ。ただし Alphabetti Spaghetti はハインツ社の正式な商品名ではないようだ。

感覚にも断固として抗する働きをする。編集された印刷物とは正反対に、インターネット上の情報には、インターネットというテクノロジーを除けば、媒体が存在しないのだ。また、無料であるだけに、インターネット情報の中にはその価値が疑わしいものが多々ある。最後に言えば、ディスプレーの余白に貴方自身のコメントを書き込み、それが50年後の読者の目にとまる、などということはありえなのだ。

　これだけの事実を指摘してしまえば、別に今すぐパニックに陥る理由はないわけだ。書物が死に瀕しているとすれば、少なくとも書物はその忠実な愛好者（と本屋）のために華麗でかつそう簡単には終わりを告げない臨終の調べを奏でているわけだ。とは言いながら、周囲に充満している非識字状態を見渡せば——ことにBOBS' MOTORSとかANTIQUE,Sといった看板を見れば——もはや現代社会では書物はことばの主たる担い手ではなく、われわれの運命は野蛮人どもの手に握られているのであり、ものごとを一層悪化させつつある文化的推移が明らかに起こっていることは心に留めておかなければならない。この本の序論で述べたとおり、悲劇的な歴史的出来事が同時発生してしまったのだ。識字教育の救いがたい低下の時期と、予期もされていなかった事態、つまり誰も彼もが勝手気ままに自分で"出版"を行える事態の到来とが重なり合ってしまったわけである。アポストロフィと自分の肘との区別さえつかない連中が、自分の書いたものを、馬鹿のひとつ覚えのようにダブルクリックやらスクローリングやらをする奴らになら地球上の誰に対してもまき散らしてい

いと強く推奨されているのだ。マーク・トウェインがつぎのように言ったのはずいぶん昔の話だが、これ以上に的を射た言明は今に至っても他になかろう。

> 「女王の英語（標準英語）」などというものは存在しない。英語という資産は合弁持ち株会社の持ち物であり、出資金の大部分は我々が出しているのだ。
> 『赤道に沿って』（*Following the Equator*, 1897 年）

'

心が痛む。どうしようもなく心が痛む。我らの句読法が現在の状態に追い込まれたのはさまざまな偶然が重なったためであることは判っていながらも、また、コンマの使用法には少なくとも17に及ぶ規則があって、そのうちのいくつかはトップクラスの文法学者によっても説明不可能であることは判っていながらも、who's と whose との区別さえ知らない連中や、この連中が使う、同様に無知なワープロソフト上の「文法チェック機能」などという下らない仕掛けによって句読法が無造作にうち捨てられている様を見るのは絶望の極みだ。この絶望感こそがこの本を書かせるに至った動機である。Book's というアポストロフィ入りの広告を見たとき、私の内部に奥深く存在している何かがプッツリと切れた。チェーホフの『桜の園』の中で聞かれる、あの憂鬱な、鉱山の縦坑の中で遠くのケーブル線が切れたときのような音を立て

て切れたのである。ことばが変化するものであることは承知している。変化することはことばの本質だ。エジプトの象形文字(ヒエログリフ)を描いた職人たちが、初期段階に起こったことばの変化の間にごみの山に捨てられたことは知っているが、気の毒に思ったことは一度もない（鳥の横顔だって、君？　君が笑っているところだって？）。しかし我らが句読法は、何世紀にもわたってその優美さと創意工夫で書きことばに奉仕してきたのだ。それが一度も闘うことなしに消え去ってしまうのを見過ごすわけにはいかないという気持ちを私は抑えることができない。

現状のような恐ろしい事態が句読法を襲ったことはかつて一度もない。確かにガートルード・スタインは句読法に多少の文句を付けた。だが句読法に対する攻撃は常に微弱なものでしかなかった。20世紀初期にイタリアで起こった未来主義の人々も攻撃を試みたが、大して長続きのする効果は上げられなかった。1913年に未来主義者 F. T. マリネッティ（1876-1944）は『文法の破壊・ひも付きでない想像力・自由なことば』と名付けた宣言を出した。この宣言は拘束なしに生きる倫理的権利をことばに与えることを要求したものだが、題目にあまりにもたくさんの句読法を要している点訳1は、この要求の力をいささか弱めている。マリネッティは言う。

「ひも付きでない想像力」ということばで私が意味するところは、イメージや類推の絶対的自由、文法上の連結とか、句

読法による束縛などのない、何の拘束も受けずに表現されたことばである。

マリネッティは「ページが持つべきいわゆる印刷上の調和」を爆破したかったのであり、また彼は詩やグラフィックデザインの方面で影響力を持っていた。しかし彼の書いたものを現在読むと、体格の貧弱な夢想家がある夜眠りに落ち、夢の中で QuarkXPress〔クォークエクスプレス。電子出版用のレイアウトソフト〕の使い方を学び、そのあと残酷にも第一次大戦前の時代に放り戻された姿、というのが主たる印象である。

　そこで、同じページに3種か4種のインクを用い、必要なら20種の書体を用いることになる。たとえば次々に変化する感情にはイタリック体、激烈なオノマトペにはボールド体を使う、という具合だ。この印刷上の革命と文字色の多彩さによって私はことばの表現力を何層倍にも増やすつもりなのだ。

という次第で、マリネッティへの言及はお終いにしよう。他方ジョージ・バーナード・ショーは、英語の綴りを改革しようという彼のむなしいキャンペーンの一環として、縮約を示すアポストロフィを廃止するという努力をすでに実行に移

🐾1　この宣言の題目（英訳）は *Destruction of Syntax/ Imagination without Strings/ Words-in-Freedom* となっている。

していた。[※1] ショーはマリネッティに比べれば広範囲の影響を及ぼしたとはいうものの、彼の努力はたった一人のキャンペーンに終わった。ついでながら、ショーが1945年に『タイムズ』紙に寄せた一文は彼のかなりの偏執狂ぶりを示すものである。それは当時配備されたばかりの原子爆弾（atomic bomb）に関するものだが、彼が問題にしているのは bomb という単語の2番目の b は不必要だという点なのである（私は冗談を言ってるのではないのよ）。つまり伝統的な綴りに固執するあまりに膨大な労働時間が世界中で無駄に費やされているというのだ。

> 私は、走り書きでも、bom なら1分間に24回書けるが、bomb だと他人に読めるように書くのは18回がやっとである。余分な b を廃止すれば1分につき25パーセントが節約できるのだ。日の没することのないイギリス連邦でも北米合衆国でも、何億もの人が常に書き、書き、書き続けている。ものを書いている人々は、年間 $131,400 \times x$ の率で時間を無駄にしているのだ…
>
> エイブラハム・トーバー編
> 『ことばに関するバーナード・ショー語録』
> (*George Bernard Shaw on Language*, 1965)

まったく、一旦ことばというものに取り憑かれると、ひとはどこまで平衡感覚を失ってしまうかを、バーナード・ショーの姿は仮借なく示していると言える。

とは言ってもショーがことばについて語っていることは、他の人に比べればましである。1902年4月付の『著者』(*The Author*)誌で彼は「クラレンドン出版社の植字工および校正係用規則に関する覚え書き」を発表した。この中には、dont とか shant [2]と書けば済むところに入り込んでくる"ぶしつけなバチルス"(アポストロフィ)に対する痛快な攻撃が含まれているだけでなく、イタリック体についてもかなりの疑問を呈しており、また、『ガーディアン』紙の印刷方針にも影響を与えたものと思われる。

> 文学作品の題名にはイタリック体を使うべきではない。のみならず、習慣的に使われている醜悪かつ不必要な引用符も廃止されるべきである。例を挙げよう。1. I was reading The Merchant of Venice. 2. I was reading "The Merchant of Venice." 3. I was reading *The Merchant of Venice*. 1番目が最も見場が良く、かつ充足した賢明な書き方であることが判らない奴は、「我が家の犬がいなくなりました。見つけて下さった方には……」などという張り紙や金物屋のカタログ以外のものを書いたり印刷した

---

[1] do not, did not, would not, I have, you would の縮約形は通常 don't, didn't, wouldn't, I've, you'd と書かれるが、ショーの作品では dont, didnt, wouldnt, Ive, youd とアポストロフィ抜きで書かれている。一方、she has, I will などの縮約形は she's, I'll のように通常の習慣通りアポストロフィが使われている。

[2] shan't は shall not の縮約形。

りすべきでない。文学とはそんな奴がいじくり回すべきものではないのだ。

ところで、ショー（あるいは編集者かもしれない）が2番目の例でフルストップを引用符の内側においていることに注目してほしい。20世紀を通して、個々のことば狂いたちは句読法に対してほとんど何の影響も及ぼさなかった（ショーの追随者はまずいなかったし、未来主義者のことなど覚えている人はいない）。しかし一方で他の文化的圧力が原因で句読法がこの期間に大きく変わったことも明らかである。ハイフンの使用法がこの百年間に大いに変わった。大文字の使用法もそうだし、手紙などいろいろなものの宛名の書き方も変わった。今日ではわれわれは次のような書き方をする。

    Andrew Franklin
    Profile Books
    58A Hatton Garden
    London ECIN 8LX

って言うか、本当のところ上のように書くのはこの私なのよ。だって私の本の出版者なんだから。でもポイントは上の例には句読点がいっさい使われていないということ。それに対してほんの20年も前だったら、私もつぎのように書いたはずだ。

Mr. A. Franklin, Esq.,
Profile Books, Ltd.,
58A, Hatton Garden,
London, E. C. I

　われわれの中で略語の後にはフルストップを置くようにと教えられた者も、フルストップを必要としない世界に自然に適応してしまっている。私も pub.〔パブ：〈public house〉〕とか'bus〔バス：〈omnibus〕とはもはや書かないが、以前は確かにそう書いていたように思う。25年前、ジャーナリストとしての修業を始めたころには宛名の書き方について中道的な規則があった。これによると肩書きの略語が綴りの最後の字をとどめているときは——たとえば Mister を Mr に、Father〔神父〕を Fr と略す場合は—フルストップは要らないが、綴りの途中までで着る場合—— Professor を Prof にし、Monsieur〔ムシュー。Mister に当たるフランス語〕を M にするとき——はフルストップが欠かせないというものだった。今ではこんな区別にこだわる人はいないだろう。ただ、アメリカではわれわれがもう捨ててしまった細かい形式をいまだに保っていることは指摘する価値があろう。またアメリカ人が手紙の最初に書く Dear Andrew の後にコロンを使うことが多いのに対し、大西洋のこちら側ではコロンどころかコンマを使うのさえ形式にこだわりすぎではないかと迷ったりする次第だ。

　このほかにも、われわれの時代に起こっていながらあまり

気に障らないタイプの変化が句読法にはたくさん生じている。いまは誰も「それはBBCフルストップCoフルストップUKを開けば判るよ」などとは言わない。フルストップの代わりにドットと言う。われわれの中で一番頑固な人でさえ、dotという単語が英語の中でこの使い方をされるようになったことに目くじらを立ててはいない。そして何にも増して、印刷上のスペースの置き方に関する革命はあまりにも静かに起こったので、誰も気付かなかったほどだ。ある場合はスペースが消え去り、他の場合は新たにスペースが挿入された。それでもこれに反対するキャンペーンは起きなかった。ダッシュの長さはかつては場合に応じて変化したものだが、今では全般的に以前より短く、均一な長さとなり、ダッシュの前後にはスペースが置かれるようになった。ごく最近まで、タイプを打つ人はフルストップの後には2字分、ときは3字分のスペースを置くよう教えられたが、今ではワープロ・ソフトが自動的にスペースを1字分に減らしてしまう。セミコロンやコロンは、以前はその前に1字分、後に2字分のスペースを空けて打たれたもので、確かにその方が——elegant： butに見るとおり——優雅に見えたが、今では誰もそんなことはしない。

　私の言いたいことは、印刷されたことばからあの忌々しい電子的記号への全面的とさえ言える変化が否も応もなくわれわれの上にのしかかっているにもかかわらず、われわれ不死身の句読点愛好者は、自分で思っているほど厳格ではないのではないかということだ。それにわれわれは過剰反応を警戒

しなければならない。Netspeak〔ネットスピーク〕をジョージ・オーウェルの小説『一九八四年』(1948年刊)のNewspeak[※1]〔ニュースピーク〕と同一視する人々(thoughtcrime[※2]〔思考罪〕やdoubleplus-good[※3]〔最高の〕などの大文字・小文字を区別しない複合語が、表面上chatroom〔チャットルーム〕やnewsgroup〔ニューズグループ〕に似ているという根拠から)はこの連想を至急断ち切るべきだ。最大の理由は、インターネットの基本的美徳は、それが誰によっても統制されておらず、弾圧の道具として用いることが不可能で、限りない包容力を持っている点だからだ。その包容力の膨大さは、驚くなかれ句読法を議論するチャットルームが存在することにも現れている。たとえば「ハーフベイカリー」〔halfbakery〕というサイトは句読法改良に関する意見交換を呼びかけていて、参加者の中にはgizmo〔ギズモウ〕とかcheeselikesubstance〔チーズみたいなもの〕といった魅力的な名前を名乗っている人たちがいる。実を言えばbananasのように人を惑わせる複数形にティルデ(~)を使おうという卓抜なアイディアはこのハーフベイカリーというサイトから出たものなのだ。2001年の実に興味深いやりとりの中で、

※1 この小説の舞台である超大国では、独裁的党が設定したニュースピークなる言語の使用が強制される。

※2 すべての犯罪は思考から始まる。ゆえに思考を統制すれば犯罪も統制できる。とりわけ、党の方針に反対する考えは、表現することはおろか、この超大国では思考しただけで罪になるのである。

※3 doubleplusはニュースピークの接頭辞で最上級を表す。doubleplusgoodは英語のbestに当たる。

ただの決まりきった印

ハーフベイカリー参加者の1人が修辞疑問文を表すのに上下逆さまの疑問符（¿）を使うことを提唱した。この提案はしばらくの間洞穴の中のコウモリのようにそこにぶら下がったままだったが、1年半後、驚いたことにDrifting Snowflake〔漂いの雪片〕という人が書き込んできて修辞疑問文用疑問符（つまり逆さの疑問符）はすでに存在していて「それは16世紀に発明されたたもののほぼ30年しか使われなかった」旨を説明していた。すてき！　漂いの雪片さんて男性で独身かしら？　インターンネット自身が証明しているとおり、画面の陰には誰がいるのか見当も付かないんですものね。

　この新しい伝達方式から生み出されることばをなんと呼ぶべきか？　ネットスピーク？　ウェッブリッシュ〔web＋(Eng)lish〕？　どういう名で呼ぶにせよ、言語学者の多くはこの新言語に大いに関心を寄せている。アメリカの言語学者ネイオミ・バロンはネットスピークのことを「生まれ出つつあるケンタウロス〔上半身が人で下半身が馬の怪獣〕──半分は話しことばで半分は書きことば」と呼んでいるし、イギリスの言語学者デイヴィッド・クリスタルはコンピュータを媒介とすることばは本当の「第三の媒体」だと言っている。でもどうかしらね？　トルーマン・カポーティがアメリカの小説家ジャック・ケルアックについて何年も前に「これは書かれたものじゃない、タイプされただけのものだ」と言ったのを覚えている？　私はいつも、この即時配達式媒体を使ってわれわれが行っているのは、書くことでもなく、タイピン

グと呼ばれる資格もなく、送信にほかならないと思っている。今日はどんなことした？　いろんなこと送信したよ。「送信忘れないでね、あなた」。今の基本的知識は受信・送信・計算だ。昔の3つのR〔読み・書き・計算（reading, writing and arithmetic）〕には明らかに別れを告げていい時代になった。以前はオフィスでの貴重な時間が飲用水冷却器の周りのおしゃべりで無駄にされたものだが、今では受け売りのジョークを自分のアドレス帳に載っている全員にEメールで送ることによって浪費されている。われわれは写真やヴィデオやいろいろなサイトのアドレスやお説教や懇願を送信し、また（言うまでもなく）いたずらのウィルス警告を送信して後で謝らざるを得なくなったりしている。カナダのマスメディア研究家マーシャル・マクルーハンは1960年代に「メディア（媒体）はメッセージである」と言ったが、今日ほどメディアとメッセージが一体となったことはかつてなかった。われわれが行う個人的Eメール交換について言えば、多くの人がEメールからは送り手の声の調子が聞き取れない、相手の書いてくることが冗談なのか本気なのか判らない、とこぼすのを読者は聞いておられると思う。微妙な伝達のシステムとしては、「送信」をクリックするだけでは限界がある。もちろん、だからこそ人々はそれを補うためにダッシュやイタリック体や大文字（I AM joking!で「本気じゃない、冗談だよ」ということを示すなど）をしきりと使うのである。エモティコン〔emoticon〕が使われるようになったのも同じ原因からだ。エモティコンこそは、シャルルマー

ニュの統治時代に疑問符が使われるようになって以来、句読点に起こった最大の進歩（この事態をどう見るかによって、最大の絶望的退歩と言ってもいいのだが）である。

　ではエモティコンについて説明しよう。エモティコンとはスマイリーの正式な名である。スマイリーとは、よく知られているように、つぎに示す記号だ。

　　:-)

適正な単語を選んで適正な語順に並べ、巧みな句読法で読み手の注意を正しく誘導する、などということはもはやどうでもいいのだ。Eメールの中に適切なエモティコンを組み込めば、こちらが何となく心に抱いていた自己表現効果を誰もが感じ取ってくれる。句読点に関心を持つ人は誰でもスマイリーの出現を2つの理由から深く悲しんでいる。1つにはスマイリーは適正な自己表現に代わる軽蔑すべき手法であるからであり、もう1つの理由は、スマイリーというのは通常のキーボードに載っている句読点が装飾的な目的に使ってもらいたいと叫んでいるのだと考えた連中によって考案されたと見なされるからである。ドットの上にまたドットが乗っているこりゃ何だ？　こいつ何の役に立つんだろう？　待てよ、横にして見るとこりゃ目みたいだ。こっちの曲がった線は何のためにあるんだろう？　そうだ、口だ！おーい、俺、なんか発見したみたい。もう一つ作ってみよう。

:-(

これは悲しい顔だ！　もう1つ。

　　　;-)

今度はウィンクしてるみたい！

　　　:-r

これは舌を出してらあ！といった次第で組み合わせにはきりがない。

　　　:〜/　　わけがわかんない！
　　　〈:-)　　うすのろ！
　　　:-[　　　むっ！
　　　:-O　　　びっくり！

　まあこの辺で十分でしょ。ここで私はエモティコンを忌み嫌うもう1つの理由に気が付いた。というのは、エモティコンの流行が去ったら（もう去っていることを切に願うけれど）、将来の世代が句読点というものを流行遅れのいささか幼稚な図形遊びと結びつけて考え、それゆえ一層句読法を軽蔑するようになってしまうだろうということだ。「どうして今もまだキーボードにはドットだの点だの目だの口などがつ

いているのだろう？」と後代の人は不平を言うことだろう。「もう誰もスマイリーなんか使いはしないのに」と。

,

　こういう事態になったら、コンマやアポストロフィを愛する人々の運命はどうなるのだろうか？　どこに慰めを求めればいいのだろう？　そこで思い出してほしいのは、インターネット出現以前にも、言語の将来はひどく憂慮されていたという事実だ。30年前、われわれはテレビを識字力にとっての究極的敵であると決め込み、映像と音声の大攻勢の前に話しことばは急速に死に絶えるだろうと考えた。そのような恐怖は、少なくとも雲散霧消した。ケータイの文字通信とEメールが今や必須かつ普遍的な活動となったお陰で、読み書きがかつてないほど日常的な行為となったのである。文字通信は確かにことばの将来に不安を抱かせる略号（CU B4 8? など）の運び手ではあるが、バスに乗っていてケータイのビーッ・ビーッといううるさい音が耳に入るたびに、われわれとしては、識字力をまったく失ってしまうだろうと予測されていた将来の世代に関するわれわれの不安を、不意に登場したこの技術的奇跡が消し去ってくれたことに感謝すべきなのである。デイヴィッド・クリスタルがその著『言語とインターネット』（2001年刊）で書いているとおり、インターネットは書きことばとの遊び心に富んだ、創造的な（そして連続性のある）関係を助長する。「人間の言語機能は少しもその

健全さを減じてはいない」とクリスタルは結論している。「ネットスピークの出現はホモ・ロークェンス〔ことばを持ったヒト属〕としてのわれわれをその最高の姿で映し出してくれているのだ」。

　とは言いながらも、われわれが考えている句読法は確かに苦況に陥っている。インターネットの出現以前はわれわれの句読法は非常に保守的で、なかなか新しい記号を加えようとはしなかった。実際何十年という期間同じシステムを守っていたが、やがてインテロバング〔interrobang〕という奇をてらったかなり馬鹿馬鹿しい記号（1962年発明）が、疑問符と感嘆符を組み合わせた姿に身をやつして、このシステムに入り込もうとした。要は、Where did you get that hat?!〔一体その帽子どこで手に入れんだ？！〕などという場合、インテロバングがないと表現全体を強調することができないというのだった。誰一人としてこれに興味を持ち句読点に加えようとしなかったのは喜ばしい。しかし今の人々は、もしインテロバングの存在に気付けば、取り入れるに違いない。当今では何でも新しいものは歓迎されるからだ。強調を表すのに星印を使うことを試みている人々がいるし（What a *day* I've had!〔まったく今日は何という1日だったことか！〕）、山形カッコを試している人もある（So have ⟨I⟩!〔僕だってそうだよ！〕）。そう、インテロバングはついにその地位を獲得すると思う。特にその名前〔bangは日本語なら「バーン」「ドシン」などに当たる擬声語〕が、最後が感情の激発で終わる警察の聞きとりのような連想を持つからだ。「病

理学実験室[訳1]」式の暴力を連想させる用語が現在の句読法の世界では非常にはやっている。以前には斜線（/）のことをstroke〔「打撃」の意味も持つ〕と呼んでいたのを覚えている？

　「ええ、黒丸印〔bullet points: bullet は「銃弾」〕がここにも、ここにも、それからここにも付いています。もちろん右下がり斜線〔\ back-slash: slash は「一撃」〕は山ほどあります。こちらは右上がり斜線〔/forward slash:「真っ向からの一撃」と解せなくもない〕ですね。これは逆上したあまりの攻撃と言わざるを得ません。だれかインテロバングの音を聞いた人はいませんか？」
　「はい、います。隣家の女性がそのために一時耳が聞こえなくなったそうです。ところでこっちは何です？」
　「ああ、これは近頃あまり見かけないんですが、エモティコンと言うんです。頭をこう傾けて見てください。人がウィンクしているようでしょう？」
　「これは驚いた。ということは…？」
　「それは口なんです。」
　「つまり…？」
　「それは鼻なんです。」
　「何ということだ。とすると…？
　「そうなんですよ。間違いありません。句読法殺しがまた犯行に及んだのです。」

われわれが熟知し、愛している句読法と文法にしがみつくことはもはや義務ではなく選択肢の一つに過ぎないのだろうか？　希望がときには燃え上がるが、またまた消え去ってしまう。1999年5月にコンピュータ風刺家ボブ・ハーシュフェルドが『ワシントンポスト』紙に「チェルノブイリ原子力発電所大爆発よりはるかに潜行的な」コンピュータ・ウィルス〔爆発は1986年に起こったが当時のソ連はそれを長いこと秘密にしていたため被害はその分大きくなった〕がインターネットに蔓延しているというニュース記事を書いた。このウィルスが行ったことは？　ストランケンホワイト・ウィルスと命名（ウィリアム・ストランケンとE. B.ホワイトが書いたアメリカの古典的文体ガイドブック『文体の基本』から採ったもの）されたこのウィルスは文法的な間違いを犯しているEメールの配送を拒否した、というのである。世界はこの一撃〔stroke〕で、(あるいは、必要なら真っ向からの一撃〔forward slash〕で) 救われることになるのだろうか？　残念ながらそうはならない。この記事は悪ふざけだったのだ。ハーシュフェルドが読者を面白がらせるためにストランケンホワイト・ウィルスの話を作り上げた意図は、ウィルスの脅威に関する突拍子もなく到底信じがたい話を大衆がしきりと聞きたがる風潮を風刺することにあった。しかしこの記事で未来の文法の満足度についてあまりにもバラ色の夢を描きだした

🐼1　各種医療機関からデータの提供を受け、これを解析かつ保管し、かつ総合的判断を行う機関。

ために、彼はそれと気付かずに、至る所にいるやかまし屋の心を引き裂く結果となった。

　このウィルスはアメリカという法人全体をほとんどパニックに陥れた。アメリカは、サイバースペースではごく当然のこととして受け入れられている誤植や、綴りの間違いや、単語の脱落や、めちゃくちゃの文法にすっかり慣れきっていたからである。インターネットの新規企業 LoseItAll.com〔Lost it all.＝すべてを失った〕の最高経営責任者はこのウィルスのせいでお手上げ状態になってしまったと言っていた。「今朝あるＥメールを何度も送信したのが、そのたびにこういうエラーメッセージが返ってくるんだ。"あなたのメールでは従属節が主節の前に来ていますが、こういう場合、従属節はコンマで区切られなければいけません。しかし接続詞があるときはその前にコンマがあってはいけません"だとさ。ノートパソコンを部屋の隅に投げつけてやったよ」。
…もしストランケンホワイトがＥメール通信を不可能にするのだとすれば、かつては素晴らしい時間節約法として賞賛されたコミュニケーション革命の終焉を意味することがあり得る。ニュージャージー州リオーニアの1,254人の会社員を対象に調査したところ、Ｅメールは思考に形を与える時間を減少させるため、従業員の生産性は1日あたり1.8時間向上したことが判った。(同じ調査によって判明したところでは、従業員がむやみに多くのジョークを配偶者や両親や株

式仲買人に E メールで送るため、生産性は 2.2 時間減少したという。)

… 「これはわれわれが今まで経験したコンピュータ規制の中でも最も複雑かつ干渉度の高いものだ。一体どんなひねくれ者が E メールにお節介を焼いて通信にこのような重荷を背負わせようとしているのかまったく想像も付かない」と FBI のある調査官が言っていた。この調査官は是非電話で話したいと言ってこのコメントを伝えてきた。E メールで書こうとすると何時間も掛かってしまうと恐れていたからである。

ハーシュフェルドの記事はつぎの何とも悲しい作り話で終わっている。

　　一方、書店やオンライン書店からはストランクとホワイトの『文体の基本』への注文が殺到しているという報告が来ている。

,

　現在英語に起こりつつある膨大な変化についてわれわれはよく知っている。また印刷術の時代に生み出された句読法の欠陥についてもわれわれはよく知っている。これを前提とすると、コンマの 17 種の使用法や、ことばを並列させる際のコロンを護るためにわざわざ闘う必要があるのかと自問した

くなる。結局のところ、句読法とは一群の慣習に過ぎず、しかもその慣習には本質的価値はない、というのが実態なのではないか？ ルイス・キャロルの『スナーク狩り』でベルマン〔「鐘鳴らし役」だが同時にこの狩りの指揮者〕が空白の海図を出して乗組員に意見を訊く場面を思い出さずにはいられない。

「何の役に立つんだ、メルカトール図法の北極とか赤道とか、回帰線やら何々地域とか子午線とか？」
ベルマンがそう叫ぶと乗組員はこう答えた。
「そいつはただの決まりきった印じゃねえか！」
　　　　　　　　　　　ルイス・キャロル『スナーク狩り』1876年

しかし句読法の世界を経巡ってみて、その有用性を確かめた今、私の確信はそれだけ一層深まった。われわれは句読点を維持するため猛虎のように闘うべきであり、それも今すぐ始めなくてはならない。そもそも空白の海図なんて誰がほしがるのよ？　危機にさらされているのは人々の読み書き能力だけではない。『ワシントン・ポスト』のニュース記事がEメール使用の利点を説いている部分をもう一度吟味してほしい。Eメールは「従業員の生産性を1日あたり1.8時間分高めた。思考に形を与えるための時間が減ったからである」とのことだ。われわれは何世紀にもわたって印刷された文字という文化から思考をする訓練を受けてきた。この事実を価値あるものと考える以上、英語が「分かたず書き」という無秩

序な泥沼に戻るのを許すわけにはいかない。この泥沼から勇敢にも這い出したのはほんの200年足らず前なのだし。われわれの言語は曖昧性に満ちている。われわれは多くの場合複雑で非直截的、詩的かつ詠唱的な自己表現法を心得ている。手抜きをせずに、語と語の間の正しい位置に、正しい句読点を使いさえすればわれわれの思考は完全に明晰に表現される。適正な句読法は明晰な思考が行われているしるしであり、同時に明晰な思考を行うことを可能にする礎(いしずえ)でもあるのだ。句読点がなくなってしまえば、われわれが直面している知的貧窮化の程度は想像を絶するものとなってしまう。

　句読点に関する最も優れた記述の一つは、トマス・マコーミックの著『フィクション編集者、小説、そして小説家』(*The Fiction Editor, the Novel, and the Novelist*, 1989) に見られる。マコーミックは、句読点を使う目的は「読み手に、話し言葉なら直接に聞き取れる休止、抑揚、挿入句、語句同士の連結関係などを汲み取らせるところにある」と言っている。

　　書き手にとっての句読法は、芸術家にとっての解剖学に似ている。どちらの場合も規則を体得する目的は、技法の要請に従って規則から脱する際、十分な知識と抑制の裏付けを以てそれを行うようにすることである。句読法とは手段である。そしてその目的はと言えば、読み手が聞き手の声を聞き、その言うところを理解するのを手助けするところにある。

そしてここにおかしな話がある。これまで挙げてきた大所高所からの議論が説得力を持たなかったのであれば、句読点に関する無知が現実の世界で甚大な影響を持つことがあるということだけでも心に留めてほしい。2003年2月、グレン・ラングワラというケンブリッジ大学の政治学講師の許にイラクに関する最新の資料が送られてきた。彼にはすぐにそれが12年も前のアメリカの博士課程学生イブラヒム・アル・マラシの書いた博士論文を「1字1句たがわず、誤って置かれたコンマもそのままに」全面的にコピーしたものであることを見破った。嘘じゃありませんたら。ラングワラは元の論文の一部が改変されていることにも気付いた。たとえば「反対勢力」の代わりに「テロリストたち」ということばが使われていた。だがそれらを除けばほとんどが元と同一だった。ラングワラはこの発見を公表してつぎのように書いている。

> タイプミスも文法の変則的用法も首相官邸から来た資料にそのまま残されていた。たとえばマラシはつぎのように書いている。
> "Saddam appointed, Sabir 'Abd al-'Aziz al-Duri as head"〔サダムはアブダル・アジズ・アルドゥリを首領に任命した〕…
> 間違って置かれているコンマ[訳1]に注目してほしい。これにマラシの論文を流用した連合王国の役人たちが気付かなかったのだ。イギリス政府の資料の13ページには同じ間違った

コンマが使われている。

"Saddam appointed, Sabir 'Abd al-'Aziz al-Duri as head"...

これに見るように、句読法の規則を無視することはイギリスに政治的危険を冒させることにつながり、その上イギリスの道徳的退廃の露呈にもつながるのである。かつてサー・ロジャー・ケイスメントは「コンマによって絞首刑になった[🐼2]」わけだが、その90年も後にイギリス政府がコンマ（それも「フーリガンのコンマ[🐼3]」）ゆえに批判されるなどと誰が想像しただろうか？　でもこのことが判って痛快じゃない？　そうですとも。本当に痛快！

[🐼1]　Sabir 以下は appointed の目的語なのだからその間にコンマを置くのは誤り。
[🐼2]　121〜123ページ参照。
[🐼3]　非文法的で余分なコンマ。118〜120ページに解説されている。

[著者紹介]

Lynn Truss（リン・トラス）

　作家、ジャーナリスト。文芸編集者として出発したが、その後転身、3冊の小説と多数のラジオ・コメディードラマの作者となる。『タイムズ』紙のテレビ評論家を6年間勤めたあと、同紙のスポーツ欄を4年間担当した。現在は、『サンデー・タイムズ』の専任書評者であり、BBCラジオ第4放送の常連出演者である。2002年に第4放送で句読法に関するシリーズ番組『格好を付けて（*Cutting a Dash*）』の制作・出演に携わり、大評判を呼んだ。この番組が本書『パンクなパンダのパンクチュエーション』として開花したわけである。

[訳者紹介]

今井邦彦（いまい　くにひこ）

　昭和9年東京生まれ。東京大学文学部英吉利文学科卒業。文学博士。東京都立大学名誉教授。

　主な編著書に『チョムスキー小事典』、『英語の使い方』、『語用論への招待』、『なぜ日本人は日本語が話せるのか』（以上、大修館書店）のほか、訳書にJ. カルファ『知のしくみ』、J. エイチスン『ことば　始まりと進化の謎を解く』（以上、新曜社）、N. スミス『ことばから心をみる』（岩波書店）など多数ある。

パンクなパンダのパンクチュエーション
──無敵の英語句読法ガイド
© Kunihiko Imai 2005

NDC 831 256p 19cm

初版第1刷	2005年6月1日

著者	リン・トラス
訳者	今井邦彦（いまいくにひこ）
発行者	鈴木一行
発行所	株式会社 大修館書店
	〒101-8466 東京都千代田区神田錦町3-24
	電話 03-3295-6231(販売部) 03-3294-2357(編集部)
	振替 00190-7-40504
	［出版情報］http://www.taishukan.co.jp

装丁者	井之上聖子
イラスト	あべ弘士
校正協力	白井香澄
印刷所	壮光舎印刷
製本所	難波製本

ISBN 4-469-24501-1　　　Printed in Japan

Ⓡ本書の全部または一部を無断で複写複製(コピー)することは、
著作権法上での例外を除き禁じられています。

don't